化广电和旅游局 编

外文出版社
FOREIGN LANGUAGES PRESS

总顾问

陈 勇　郭晓敏

总策划

顾 华　施 俊

总监制

黄 静

总审稿

宋 捷　陈忠新

总编撰

王 健　瞿 丹

执行编撰

张 坚

创意总监

成亦斐　王兴华

创意设计

岳招军　李 翔　顾玲玲　魏一凡

撰文

张 华　袁蕴豪　邹仁岳　周至硕　黄亚男　蔡晓舟　张华杰
张 坚　赵 彤　朱晖斌　冯启榕　徐培钦　沈 樑　蔡韦星
龚 丹　李元冲　周荣华　陈 凯　顾静华　顾 熠　江 徐
董 娟　周建高　管弦乐　赵蓓莉

图片

赵蓓莉　李 波　徐培钦　王俊荣　许丛军　张 岳　张啸龙
杨 辉　涂志勤　杨 锋　娄忠银　杨 冰　钱伟章　施东升
姜 宁　钱咸华　李 斌　周建明　王皆欣　卫 萍　曹慧蓉
张晖蓉　祝 捷

（作者署名如有遗漏，请及时与编者联系）

打开门 首先是江
这是海的前世 不疾不徐
踱着方步 每一次
抬眼 美丽总模仿云朵的姿态
赋予飞翔以诗意

跨入海之门
你必须找到两件法物
一为前朝状元的背影
一为诗人从未远去的歌声
背影与黄海的轮廓大体一致
歌声与长江的足音基本同步

等待一场雨
等待一场雨后 亲眼见证
现身天边的虹
与传说中的海之门
有几分相像

——组诗《海之门》节选

目录

壹 【沧海桑田，说的就是海门故事】

- 左窗可听海，右窗涌江声 江海文化在这里发轫　　02
- 东洲与布洲：海门的成陆极简史　　06
- 海门岛，南黄海上神秘岛　　10
- 海门，一座古城的凤凰涅槃　　16
- 一条运盐河，清清河水流淌悠悠古韵　　20
- 法光寺：古刹隐身市井间　　24
- 王安石在海门工作过？史书这样说　　28
- 文天祥：渺渺乘风出海门　　30
- 张謇，一生做了两件事　　34
- 一个人，一座城，寻找张謇的海门印迹　　40
- 青龙港，这一张旧船票能否登上你的客船　　46
- 唤醒记忆，带你探寻通东红色基因之源　　50
- 华侨村，"叠商"漂洋过海的起点　　54

貳 【这片风景，只在江海交汇处才有】

- 全景海门旅游地图　　　　　　　　　　58
- 一道江海之光，照亮时空之旅　　　　　60
- 走进状元故里，如同看一部励志大片　　64
- 官公河畔九龙岛，沧海遗珠三百年　　　70
- 100岁的三厂钟，至今仍在报时　　　　75
- 1300年的余东古镇，湮没了几多辉煌　80
- 八卦村，古村落里故事多　　　　　　　84
- 蛎岈山：潮落登山来，汐涨离岛去　　　89
- 海港生态公园，南黄海畔森呼吸　　　　92
- 小渔村走出14位博士，这里有答案　　　96
- 花香海永：提升世界级生态岛的颜值　　100
- 东布洲长滩公园，留住醉美长江岸　　　105
- 寻找田园山水画的千古密码　　　　　　108

叁 【海派生活，滨江临海的闲情偶记】

- 在十八楼上望长江　　　　　　　　　　144
- 謇公湖畔乐享闲适时光　　　　　　　　119
- 海门足球小镇，足坛又一座"兵工厂"　　122
- 中国第一艘极地探险邮轮，从这里起航　126
- 寻梦玲珑湖，这里是原创动画人的梦工场　130
- 重塑"美"与"劳"，这个教育基地可以"玩"　134
- 最浪漫的事，就是和你去一趟都市玫瑰园　138
- 奥伦达部落，岛上生活的别样安逸　　　142
- 绿岛有瀛洲，闻香识月季　　　　　　　146
- 沿江渔村，将"渔乐"进行到底　　　　　150

肆 【江风海韵，寻觅海门风物之美】

- 状元家的老窖池，酿出世博金奖第一酒　　157
- 走进叠石桥，赴一场世界家纺业的嘉年华　　163
- 海门土布：黄道婆绝技的最后遗馨　　166
- 沈绣：一代针神传奇在指尖流传　　171
- 海门红木，三百年雕出一匹麒麟　　174
- "宝葫芦"的秘密：从地摊走向大雅之堂　　180
- 海门方言：当吴侬软语遇到通东土话　　182
- 海门山歌，让耳朵听醉的非遗好声音　　187
- 通东号子，国产拉网小调就是有腔调　　190
- 古镇京韵，余东娃唱响大舞台　　193
- 一只好口杯，装满爱与梦想　　196

伍 【舌尖宝典，带你尝遍江海味道】

- 海门红烧羊肉，招牌菜的美味担当　　200
- 羊家乐，海门山羊台型轧足　　204
- 状元宴，一席尝遍海门味　　206
- 寻味南黄海，觅鲜东灶港　　210
- 海门大咖的刀鱼往事　　214
- 海门黄鸡，土鸡里的战斗机　　218
- 盐齑汤里的海门日常　　220
- 阴糕与印糕，不同流派的两大"糕"手　　223
- 万年芊荠，何以媲美千年人参　　226
- 海门香芋，让卞之琳牵挂的那种香　　228

- 四色宝豆，一个强大的战"豆"组合　　230
- 醉美枇杷园，活力天籁村　　234
- 苏洪鲜食，一根扁担挑出水果小镇　　238
- 一条美食街上的人间烟火　　240

陆 【张謇之外，这些名字值得珍藏】

- 大明探花崔桐，故乡就是他的名号　　246
- 丁有煜的朋友圈：为"外八怪"点赞　　250
- 垦出一个新海门，请叫他"大清垦王"　　256
- 他的一曲《十面埋伏》，赢得中山先生点赞　　258
- 海门王个簃：昌硕传人别开生面　　262
- 董竹君的世纪传奇　　266
- 陆侃如与冯沅君：文坛双星一世情　　272
- 卞之琳，一阙断章装饰了多少梦　　276
- 施雅风：魂牵梦萦冰川情　　281
- 龙飞：一曲《太湖美》醉了多少人　　284
- 60岁开挂，"老娘舅"走红的这些年　　289
- 郁钧剑：醉在乡音里　　292
- 崔氏双雄：五洋捉鳖，九天揽月　　296

泰州

扬州

南京长江大桥

镇江

南京

江阴大桥

禄口机场

常州

无锡

苏南国际机场

苏州

太湖

往杭州

海门勒介图
洋口港区
S28
如东
南通
通州
通州湾
黄海
海门港
吕四港区
南通兴东机场
崇川
G40
海门
开发区
启东
苏通大桥
长江
S338
崇启大桥
G15
太仓港
崇明
昆山
宁启线
沪宁城铁
上海港
上海
虹桥国际机场
浦东国际机场

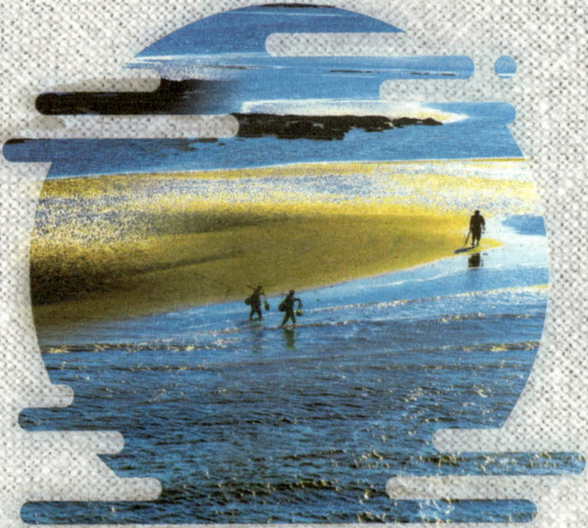

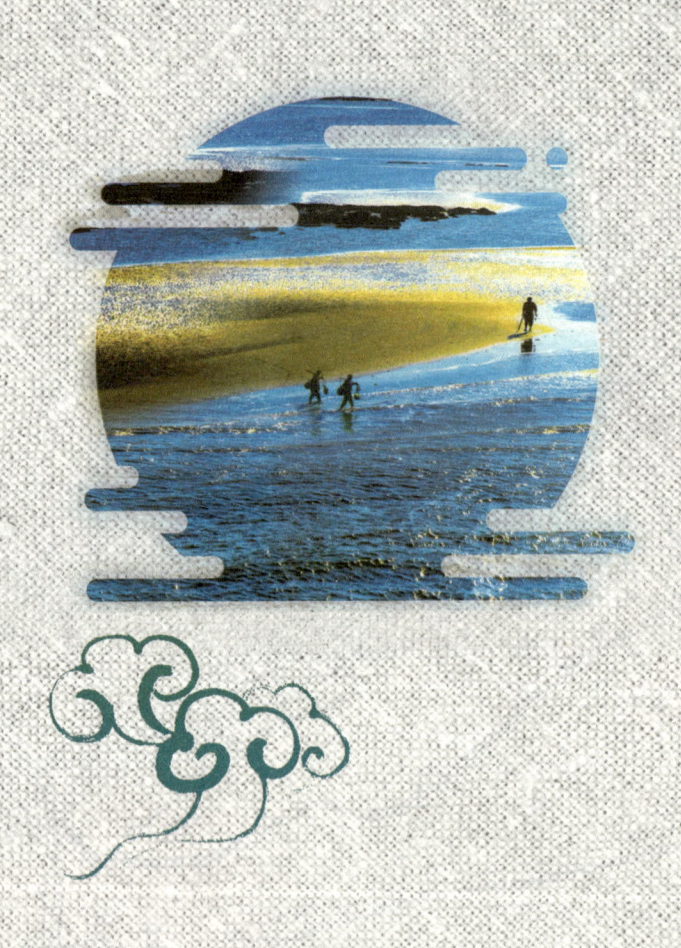

壹

沧海桑田
说的就是海门故事

左窗可听海，右窗涌江声
江海文化在这里发轫

如果说，海门是面朝大海的一扇门，那么就像一首诗所吟咏的，这里"左窗可听海，右窗涌江声"。一边是黄海，一边是长江，海门就这样在江海的怀抱中孕育成长。

潮起，海浪翻涌而至。携入的海沙经过日积月累，慢慢堆积成滩涂。就像一个还没长成的姑娘，世界有足够的时间和耐心，等待她一场惊艳的蝶变。

唐朝初期，如今的海门还只是一片茫茫大海。每一个看似平凡的浪涛，都是大海储蓄的能量，它一次次不厌其烦地

把海沙推入沙洲,再竭力全身而退。就这样,随着时间推移,至唐末,出现东洲和布洲两大沙洲。

这就是最初的海门。海门,这座建在泥沙堆积之上的城市,从荒凉的岛屿开始,展开了她漫长曲折的故事。

最早来海门驻扎的是一群流人,他们或因犯罪被流放,或因灾难而流亡。为了活下去,他们不得不在滩涂和草荡间穿梭,以最早的拓荒者的身份,日复一日煮海熬盐。

黄海踏浪

他们不知道自己的这些简单劳动，为身后的帝国提供了怎样的巨大财富。很多年后，海门所产盐色洁白如云，备受推崇。

宋代，在淮海盐区实行保甲制度，"甲"即是盐的基层单位，"灶"就是盐民燃火煮卤的设施。海门有多少灶已经无从考证，但是从现有的地名里，还能看出当日煮盐的繁华，有以"灶"命名的"东灶港"，以"甲"命名的"头甲""四甲""六甲"，这些无不证明着海门与海盐的亲密关系。

食盐是大宗重要商品，依靠水路运输，可以节省劳力和费用。五代至北宋，海门境内各盐场为运出所产盐斤，因地制宜，把淤泥沙成陆过程中自然形成的河道，加以人工整治，形成一条漫长的运盐河，北上西入向扬州。

大海给海门带来了生机与繁荣，形成了古老的盐文化。当然仅仅靠大海馈赠还远远不够。300多年前，几经塌陷的海门大地再度浮出水面。一个名叫陈朝玉的人，从一江之隔的崇明，踏上海门这块热土。史学家认为，被称为"垦王"的陈朝玉，只是从江南前来海门垦殖的万千民众的代表人物。他们一踏上海门的沙地，几乎是通过最原始的男耕女织的劳作方式，让一度

远眺长江

从神州版图上消失的古海门，重新回到人间。

海门通东地区的盐路还在继续，直至一位伟大的海门人张謇登场了。张謇开辟了由南通经泰州到扬州的内河客运班轮航线，并借助其状元光环及奉旨办实业的特殊身份，致力盐务革故鼎新。直到清末民初，海势愈益动迁，一些盐场亭灶已经不能产盐。张謇在全国率先提出并实践"废灶兴垦"，实行废盐改棉，进行大规模垦殖，为大生棉纺织工业提供原料。张謇以他独有的智慧给世人上了一堂生动的课：大江大海是相连的，发展之路是相融的。

漫漫的盐垦之路，为海门成为新中国的粮棉重要产地开辟了道路，也为海门今天经济社会高质量的发展奠定了基础。

在江海交汇之处，形成了水土肥美的三角洲。一代代的海门人，在这块土地上开拓前行，为江海文化的形成做出了实践探索，也形成了"海纳百川，强毅力行"的海门精神。

逐梦江海，放眼世界。在江海文化浸润下发展的海门，拥有了深厚的文化底蕴和独特的城市气质，更期盼能够成为令人心驰神往的诗和远方。

东洲与布洲：
海门的成陆极简史

　　海门古称东布洲，从字面上看，它是由东洲和布洲组成的。说起海门成陆，就要从东洲和布洲这两块沙洲说起。

　　距现在两三千年，长江口不断向外延伸。长江下游绝大部分沙洲群都是在这段时间形成。东洲和布洲也是在这个时候出现在江海交汇处。

　　大约两千年前，长江入海口还在狼山上游的镇江—扬州一线，那时候狼山还是海中岛屿。带着大量泥沙滚滚东下的江水，撞上了高矗的狼山（准确地说是五山），被山体劈成两支，分成南支和北支继续东流。在狼山下游由于泥沙的沉积形成一个个沙洲群，其中就有东洲和布洲这两个较大的沙洲。

　　汉代至唐代期间，在扬泰岗地以南存在着一条古横江，古横江南侧的海域中形成了四大古沙群：胡逗洲、南布洲、东布洲和顾俊沙（东沙和西沙的合称）。不要小看这些当时的海角流沙，它们经过岁月的演变，分别华丽转身为今天的南通市区（包

括平潮等地)、通州金沙、海门和崇明岛。

东洲和布洲等沙洲群又被合称为通吕水脊,这条水脊也不是固定的,而是随着长江的不断向南偏移而移动。

海门成陆的历程较为坎坷,用沧海桑田来形容不为过。现在我们整理出一条简单的时间线,来看看一千年里的沧桑:

九世纪前后,当长江出口移至狼山东侧时,狼山的分水作用消失,崇明岛的分水作用逐步显现。

十世纪前后,当长江的主泓南移,北岸大涨积,此时东布洲的面积不断扩大。

十四世纪前后,当长江的主泓偏向崇明北侧时,引发东布洲大坍塌。

十八世纪初,长江主泓再回向崇明岛南侧时,崇明北侧的古布洲和古东洲又再次涨积,且其面积在不断扩大和延伸,这就是现在的海门和启东。

对应人文历史可以知道,汉代以后约500年间里,东布洲一直是一片沼泽地和

海域相间的荒芜沙地，没有人围垦开发，唐代以后才逐渐得到开发。

唐代初年，东步洲逐步走进人们的视野。武则天称帝后，实行"酷吏政治"，大肆杀害唐朝宗室及开国元勋的后人。据传，名将尉迟恭的后人尉迟宝庆等也在被追杀之列。尉迟宝庆带领家人及部分兵丁，沿黄海一路向东南方向逃亡，他们横渡夹江——布洲夹，来到了被当时称为"牛角梢"的无人沙地（据考证这就是现在的余东），经过围圩作堰、蓄淡排咸，不几年这里已开发成可耕地。唐开元四年（公元716年），也即武则天死后的11年，这里有人煮海为盐，后即称余庆盐场，这是海门出现的第一个盐场。

唐代中期的大历年间（766-779），黜陟使李承实看到了沿海有大片可以围垦的沼泽地和盐碱地，他奏请朝廷后，立即下令修筑沿海长堤——捍海堰，发动4万多

民工兴起了筑堤的浩大声势，不几年沿海大堤筑成。此后东布洲进一步得到开发。唐代统治者看到盐业的利润丰厚，于是在东部沿海纷纷兴建官办盐场，利用廉价劳动力创造更多的财富。

唐代后期的五代十国时期，东布洲已设为东洲镇（后曾称东洲都镇），它是吴国的经济和军事重镇。经济上它以渔盐业为主，当时有个叫蒋司徒的南方人，来这里指导盐业生产，使盐利更加丰厚。

吴国依靠渔盐业支撑起了强大的水军，从而称霸了南方。而东洲当时就是吴国最大的水军屯集处和训练基地，加上东洲镇的居民及流动人口，这里成为一个繁荣兴旺的海边城镇。直至后周显德五年（公元958年）建县时，海门已经是一个有120个里（1里为110户）的大县，可以说"出道即巅峰"。

海门岛，
南黄海上神秘岛

滔滔长江诉说着历史，浩浩黄海演绎着神奇。关于海门岛的故事已经讲了一千多年，她的芳踪究竟在何处？

与现在一马平川的海门不同，历史上的海门县有山有水，海门岛就是"山"。海门籍大咖崔桐主持编撰的嘉靖《海门县志》对海门岛这样定位，"海门岛在县治北海中"。在这本县志中，海门岛列在山水篇的"山"这一条目中。

在北宋初年，踏上这个神秘海岛的人，却不是来游山玩水的。在当时，通州海门岛是与登州沙门岛齐名的两大罪犯发配地。

011

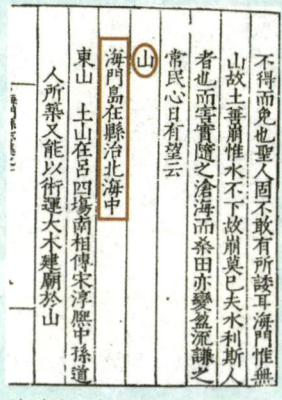

嘉靖海门志关于海门岛的记载　　　　　陆进《海门岛赋》

宋《续资治通鉴长编》记载，"国初以来，犯死获贷者多配隶登州沙门岛、通州海门岛，皆屯兵使者领护。而通州岛中凡两处，豪强难制者隶崇明镇，懦弱者隶东北州。两者悉官煮盐。"比较其他史书《方舆胜览》《读史方舆纪要》等，均有"犯死获贷者，多配隶登州沙门岛、通州海门岛，皆屯兵使者领护"的记载。当时被发配到海门岛的"服刑人员"中不乏"老虎"级的人物，《宋史·列传二十九》对两位获罪的朝廷重臣冯瓒和李美的处置交代得很清楚，"瓒流登州沙门岛，美配隶通州海门岛"。

当然，选择通州海门岛为罪犯发配地，有据可查的仅为北宋初年。从记载来看，北宋初年，海门岛能屯兵，有监狱，有盐亭煮盐，是适合人类居住的海岛。

我们注意到史书中所说的，当时发配到这里的罪犯还是分类管理的。难以控制的"刺儿头"羁押到崇明镇，这里也属海门管辖，环境更为险恶，除非"勇闯夺命岛"，否则插翅难飞。

相对听话的犯人就到了离县治更近些的沙洲上了,所谓"东北州",是说其方位在州府的东北。两处的工作都是一样的,在国营盐场煮盐。

关于海门岛,民间留有丰富的传说。清咸丰年间,通州人曹长恩著有《东洲偶闻录》,叙述"海门岛居海中,其形如伞如菌蕈,流人又称之为菌子洲,菌柄对陆地,菌伞对大海,柄长十四五里、宽可三四里,伞最宽处八十里,渐向外伸展紧缩呈一穹窿形"。

关于海门岛,民间还流传着"冤魂五百哭寒食"的故事,内容为屯兵使者担心流犯泄露其偷运私盐的隐私,将五百多流犯沉于大海。实际上是飓风海浪骤来,海门岛不复见了,给人留下无穷的想象。

海门岛湮没在茫茫大海中,应该是明代嘉靖到万历年间。前面提到的成书于1537年的《嘉靖海门县志》没有海门岛沉没的记载。四十年之后的《万历通州志》则明确记载,"海门岛在州东北海中……今没于海"。实际考察,嘉靖十八年(1539年)完全沉没的可能性较大。那一年,巨浪滔天,漂民舍无数。崔桐写下《哀飓潮》诗五首,真实再现了当时情景:"今岁东隅厄,伤心北海翻;万民葬鱼腹,百里化龙门。"可以想象,海门岛也难逃湮没的命运。

有人找到嘉靖间刻印的《筹海图编》,系军事家郑若曾所著。他注意到了海门岛重大的抗倭军事意义,书中有海门岛图。海门岛位置似乎在现如东的外海,若仔细研读,就发现那是军事示意图,郑若曾把北海凹进去部分拉开成直线来绘制,于是海门岛外移了。

有清一代,沿海居民对海门岛的怀念,也深深影响到了诗人骚客,他们纷纷赋诗以释怀。其中以陆进的《海门岛赋》最有名,把海门岛风光之美、物产之饶,写到极致,简直是神奇仙境。"临深之地,烟波杳霭,锦禽借此栖迟;浊浪排空,

樵乌因之而托寄；戴青山畔，西僧以此安禅；吕四场边，仙侣於此游戏；固己靖沧屿之洪涛，息灛环之狂噬矣"。陆进展现的海门岛意境，与崔桐的"海门岛在县治北海中"相吻合。

　　现在考证海门岛的遗址，海门四甲有仓头渡地名，传说是通往海门岛的渡口。仓头，有军人、罪犯的含义。通州东余的东侧四里有仙人台地名，传说系海门岛上之墩，系顺治盐民起义、同治盐民造反时，盐民的藏身所在。

　　海门岛没海后，受东北风的海潮影响，底座不断被侵蚀，往西南方向萎缩，数百年来，竟游移数十里之多。北海之岛，不会像长江中的沙岛彻底坍没。它会沉沉浮浮，四甲、余东、吕四，均有它的身影。东灶港蛎岈山，也应该是它的遗址之一。没有海门岛流人吃的海贝外壳，蛎岈山如何形成？原来，当年的海门岛，就在通州湾的怀抱之中。

海门岛手绘示意图

海门，一座古城的凤凰涅槃

这里是一片神奇的热土，这里是诗与远方交汇之处。

海门，东揽黄海，南倚长江，紧邻上海，北连广袤的江海平原。走进诗画海门，面对江海美景，谁能想到这座有着一千多年历史的城市，却是经过几世几劫，历尽沧海桑田，才延续了她的绝代风华和秀美容颜。

海门作为一座城市的历史，从公元958年算起，这个已属定论。

那一年，是后周显德五年，意气风发的周世宗柴荣，南征北战威震华夏。这年的年初，柴荣率部三征南唐，横扫淮南诸州，尽收江北之地。周世宗目光所及，是长江入海口北岸大片沙洲及岛屿，他决定将其纳入帝国版图，新设州县。当时，这些沙岛已被地方割据势力姚氏家族统治了五十年。姚氏政权的末代掌门人姚彦洪，以南唐静海制置使的头衔掌控此地。柴荣派将领慕容延钊攻占东布洲，而它正是海门的前身。

显德五年三月，后周将南唐所设置的静海军格为通州（今南通市），通州下辖两个县城：静海县（今崇川区一带）和海门县，州治驻静海。这一年在南通城市史上是一个里程碑，标志着南通正式建城。而这同时也是海门之始，她第一次以城市之名出现在中华版图之上、典籍之中。时至今日，我们感到后周的那些翰林学士还是有才的，海门，江海之门户，如此贴切而美妙的一个地名从此被刻画到这块土地上。

仅仅两年之后，城头变幻大王旗，赵匡胤黄袍加身，这里变成大宋江山。别小看这短短两载，它让海门的履历更加丰富，这里成了五代十国时期就建城之地。

北宋的乐史写于宋初太平兴国年间的地理巨著《太平寰宇记》，在其时可谓"当代史"。书中记载，通州和海门县之间隔海有二百里之遥，可见在北宋初年，也就是海门初建的岁月里，她仍是长江口的沙洲。海门岛的说法自那时起也有了整千年，有人认为海门岛就是与大陆连接前的海门本土，也有人认为海门岛是县治东北海中的岛屿。不管怎么说，彼时的海门，就犹如汪洋大海中的一条船，先民们在南黄海的浪涛声中，以渔业和盐业为谋生之道，守护着那扇古老的海之门。

然而大自然却以它的魔法之手打破了这块土地上的平静。自元末开始，贯穿整个明朝，直至清初，古海门一直处于大地陆沉的噩梦之中。由于长江主泓道北移，海门的大片土地坍没江中，版图一缩再缩。

海门的先民流离失所，被迫踏上"流浪地球"的迁徙苦旅。而这些海门人是带着他们的县治"流浪"的。海门的县治，即县政府曾被迫四次迁移。至明中叶，海门县治迁于徐涧，即现在的通州区兴仁镇一带。南通，像一位厚道的兄长，在海门亟须帮助之时总是伸出坚实的手臂。

到了清康熙十一年（1672年），海门县民田、灶田已不足40顷，迁至通州金沙场南位于进鲜港和瞿灶港之间的县治又为江涛侵蚀。治所迁往通州永安镇后，海门籍百姓仅剩2200人，已经实在无法再称之为"县"了，朝廷将其降为海门乡。至此，五代后周建立的海门县存在了714年，一般所说的"古海门县"就是指的这段历史。

被称为"外八怪"的海门籍书画家丁有煜，曾作《海门歌》纪念这段痛史："嗟我小邑海之门，一朝卷入海波浑，人民星散各逃窜，十余三五迁永安……"古城700多年的辉煌与苦难，都湮没于万顷波涛中，成为无法知晓的谜。

待到康熙、雍正年间，海门地域又迎来一次土地的复兴。江流主泓转向南倾，长江北岸开始涨积，逐渐涨出40多个新沙，绵亘百余里。崇明及江南的农户纷至沓来，在这片新涨的沙地上垦荒落户。炊烟袅袅，山歌传送，新的海门已经呼之欲出。乾隆三十三年（1768年），朝廷划通州19沙、崇明11沙和新涨的天南等41沙，建为江苏直隶海门厅。经过近百年的蹉跎，海门城获得凤凰涅槃一样的重生。但这次没有设县，清政府大概想将这里作为"沿海开发区"吧。

1774年，一位名叫徐文灿的辽宁人出任海门厅同知，他经过实地勘察，决定在裙带沙上的茅家镇设治。徐文灿率领官民筑江堤，堵江潮，兴水利，接着在镇区修建狮山、孔庙、先农坛、城隍庙、关帝庙等一批重要建筑物，使茅家镇成为一座人丁兴旺的城镇，这也奠定了当代海门城市

明代海门县城图

十二年（1832年），海门乡改为静海乡。当然，静海乡也就继承了海门乡的权利。清光绪《通州直隶州志》中专列"静海乡"的条目，记载古海门县的旧事；清末张謇等人在创办中学时，邀请静海乡的士绅参与开办，今江苏省南通中学在开办之初名为"通海五属公立中学"，这个"五属"之中除通州、如皋县、泰兴县、海门厅外，还有一个就是古海门遗存静海乡。

后来的海门故事，就是我们熟悉的历史了。乡贤张謇在这里办工厂，搞垦牧，办交通，兴文教，推动了近代海门的崛起。新中国成立后，特别是改革开放以来，百万海门人民发挥"海纳百川，强毅力行"的海门精神，用勤劳和智慧使这块土地处处呈现出勃勃生机。

2020年7月28日，南通市召开崇川区、海门区揭牌大会，标志着海门正式成为南通主城的重要组成部分，开启了海门高质量发展的新征程。

新时代，新海门，一个全新的江海门户期待着您的到来！

发展的基础。

海门厅勃兴之时，当年的海门乡仍然存在。这个海门乡，因其来历特殊，还保留一些科举的"特权"，例如这个乡还保留一定的县级学额，学子们可直接参加更高级别的科举考试等等。

两个"海门"，"名同地异，岁久相沿，而厅乡几混淆莫辨"，为了厘清此事，道光

一条运盐河，
清清河水流淌悠悠古韵

在海门北部，有一条古老的运盐河，它从通州二甲镇入海门境内，流经四甲、余东、正余、包场、六甲等集镇，直至启东吕四镇，逶迤横贯海门50多华里。<u>它是海门最早的人工河道，自南宋咸淳五年（1269年）始崛起，至今已流淌了750多年。</u>如今，其形未改，其脉未断，习习古风，清清河水，流动着海门历史的悠悠古韵，是海门运河文化和盐文化的重要见证。

早在唐代，海门土地开始露出水面，史称东布洲，后周显德五年（958年）置海门县，县城设东洲镇。海门在唐代已为海滨煮盐之地。南唐至北宋初年，境内建余庆场，为通州所属八场之一。

宋朝的海门盐业发达，然而地处江海

一隅，交通不便，需要有一条运盐通道。于是，南宋咸淳五年（1269年），两淮制置使李庭芝发动民众始掘自通州经金沙至余庆（今余东）的运盐河。此后，屡次疏浚，明代成化二十年（1484年），巡盐御史李孟晔将运盐河延伸至吕四场（当时属海门）。明代嘉靖十年（1531年），海门知县赵九思主持疏浚运盐河50里，至此，海门境内运盐河全线畅通。

隆庆二年（1568年），飓风海溢引起余西、余中两场盐河坍江内迁。盐商以旧运盐河运回绕远，建言开凿新河。经巡盐御使批准，动用两淮运司羡金万两，令各盐场开凿新河，长万余丈。此河串联通州所属各盐场，故取名"串场河"。串场河与运盐河相连接，成了今天南通第一运河——通吕运河的前身。

明代末年，海门屡遭风潮袭击，土地不断坍削，运盐河也遭厄运，余东段没于江，其他河段也多处淤积受阻。清代康熙四十三年（1704年）海门夏中书等人请开新运盐河，将余中、余东、吕四三大盐场重新沟通。康熙四十七年（1708年）又新开余中场南运河。康熙年间形成的运盐河水系，一直保持到现在。

运盐河的开掘，使原本闭塞偏僻的海门有了一条东西向的大动脉，海门所产的海盐源源不断运往通州以及内地。元代沈梦麟《余中场》诗曰："元云无闲灶，积雪照千里，陆输车轧轧，水运舟尾尾"，记载了古代海门盐业的兴盛和盐运的繁忙。

历朝历代都不惜投入大量的人力、财力，不断疏浚或开掘运盐河，可见，对于当时朝廷的财政来讲，这条经济命脉是何等重要。

其实，运盐河所起的作用远不止此，它改善了古海门的生态环境，清清河水浇灌东洲大地，使农业经济随之发展。南面为长江天堑，运盐河成了海门与外界联系的唯一交通要道，促进了海门与内地的信息沟通和经济交往，沿河商贾往来，居民日聚，形成了众多的集镇。运盐河水也哺

育了古老的海门地域文化，以至今日，我们在沿运盐河一线，依然可以发现有形或无形的海门历史文化遗存。

历史上，运盐河沿岸的景观就被人们视为游览的胜迹，曾有明海门八景、清海门二十景等说法，多为寺庙堂观等名胜古迹。然而历经沧桑之变，大多古迹如今都难觅踪迹，只有余东的法光寺等极少数幸存了下来。

运盐河，是一首遥远的歌谣，唱着海门的童年；是一道深邃的长廊，映现出海门的过去。河两岸，如今是广袤的通东大地，河沿线，是一连串焕发时代光彩的新兴集镇。

"问渠哪得清如许，自有源头活水来"，若问海门历史的源头何处可寻，这一条生生不息的运盐河可以提供多样的答案。

四甲古运盐河沿岸民居

法光寺：
古刹隐身市井间

  天下名刹多藏于深山之中，而位于余东古镇东门外的法光寺却是隐身在市井间，极具人间烟火气息。法光寺的前身是一座叫作"东岳庙"的道观，始建于明万历年间，为海门区唯一幸存的明代古寺庙。

  那时候，余东地区经常洪水泛滥，有一日，潮水竟然直冲至余东城下。危急之中，有人看到一段长丈余、阔五尺的木料在潮水中随波逐流。资料显示，时人称这段木料为"川木"。由此推断，这应该是一段阴沉木，也就是乌木。

  是日，适逢农历三月二十八，是东岳大帝的诞辰日——这样一个特殊的日子出现异象，围观的老百姓对此议论纷纷。此时，吴氏家族族长吴南章正好路过此地，于是命人将木料打捞上岸，请了能工巧匠，细加雕琢成一尊东岳大帝像。神像身高丈余，因城门低矮，无法抬进城里，便用绳索从城墙上吊进城内，供奉于吴氏祠堂。奇妙的是，自从有了这尊神像之后，余东一带再没有遭到洪水的侵袭，于是，吴氏祠堂香火一下子兴旺起来，祠堂也改为了"东岳庙"。后来，吴南章又募得巨款，建造大雄宝殿，将东岳大帝像安置于大殿正中，两旁为四大天王和护法韦陀塑像。后又续建山门、后殿、侧殿与厢房，东岳庙由此成了一座道教与佛教共生的四合院式寺庙。

慈航普渡

作为海门最著名的庙宇，东岳庙旺盛的香火一直延续到民国时期。后因战乱频仍，香客渐少，渐趋冷落。新中国成立初期，东岳庙尚保存原貌，并仍有宗教活动。"文革"开始后，东岳庙被多个单位占用，至上世纪80年代初为余东镇粮食加工场。浩劫之后，东岳庙仅存的正殿已濒临倒塌，后殿也已成为危房。

1986年10月20日，海门县人民政府将东岳庙列为海门县首批"文物保护单位"，由政府出资进行修复。1992年7月14日，更名为法光寺，时任中国佛教协会会长赵朴初为法光寺寄赠"大雄宝殿"墨宝，并为法光寺山门题写匾额。

今天走进法光寺，我们可以看到：其正殿为单檐歇山殿阁式建筑，面阔三间，进深三间，四根金柱下为覆盆式柱础；后殿面阔五间，为穿斗式与抬梁式相结合的硬门建筑，山墙横断面呈梯形，方形石柱础，上面是木质扁作月梁，梁架与雀替的雕刻简洁流畅——这些无不显示出明代建筑的风格，而门外的石狮、石鼓则确是明代遗存无疑。

法光寺现有殿宇50余间，其中，天王殿为明代建筑，山门为清代建筑。此外，还恢复了10个侧殿，并复建了大雄宝殿、念佛楼、僧寮楼和藏经楼——台湾佛陀基金会所赠的《大藏经》一部100本就藏在这里。

法光寺建筑群还包括了后院的文昌阁和芙蓉池。文昌阁，古称"文昌宫"，乃儒教胜地，内供文曲星、孔子和朱熹塑像，始建于明代，抗战期间被毁。现存的文昌阁为2001年复建。据余东《张氏家谱》记载，芙蓉池为文昌阁同期所建。现存芙蓉池已被整修一新，并于池中心增建了湖心亭、九曲桥等设施。这使得法光寺不仅是一个可以聆听晨钟暮鼓、修身养性的宗教圣地，同时还是一个树木葱茏、小桥流水的旅游景点。

那么，就请走到法光寺走一走吧。在这里，你可以体会到余东古镇不同时期的建筑风格，你更可以体验到一种特有的儒释道三教合一、和谐共处的传统文化，这在苏中、苏北，乃至华东地区都是一道独特的风景。

王安石
在海门工作过？
史书这样说

北宋著名政治家、文学家、改革家王安石，与当时还是沧海一角的小城海门之间，究竟有什么渊源？很多人相信，王安石在而立之年，曾担任过海门县令。而对此持反对意见的，亦不在少数。

正方的同学引经据典，表明王安石任职海门绝不是空穴来风。目前可查直接下这个结论的，不是别人，正是明代海门大才子、探花郎崔桐。一直身居高位的崔桐回乡丁忧期间，应地方政府邀约编撰嘉靖版《海门县志》。这本县志这样介绍王安石，"字介甫，江西临川人，少好读书，一过目终身不忘，其属文动笔如飞。擢进士上第，金书淮南，至和中为海门令。"崔桐的才学和人品毋庸置疑，没有出处，他不会无缘无故编这一段来提高家乡知名度。

最早记载王安石任职海门的，是《邵氏闻见录》，作者是王安石同时代的邵伯温。在这本记载北宋政坛逸闻的笔记里，作者将事情交代得比较清楚。书中说，至和年间，包拯以知谏院谏官、龙图阁直学士的身份任群牧司使，而王安石是他的下属，任群牧司判官。其间，王安石多次上疏朝廷，要求外任，引起包拯的注意。正好包拯推荐海门县令沈起（字兴宗）任湖南监察御史，就建议与沈起早就认识的王安石去海门接任。沈与王在海门完成工作交接，王安石还赋诗《送海门沈尹监察湖南》。肯定王安石当过海门县令的人，找到的另一个重磅材料是，南宋地理学家王象之在编著的《舆地纪胜》中在《官吏》篇记载："至和间，王安石为海门县令，沈兴宗为撰《海门兴利记》。"

事实上，对于王安石任职海门之说持反对意见的人，所引的证据也正是这本《舆地纪胜》。同样是这一句话："至和间王安石为海门县令沈兴宗为撰海门兴利记。"反方的观点是，不应该那样断句，句中第二个"为"是没有实际意义的衍文，正解应该是，王安石为海门县令沈兴宗撰海门兴利记。为支持这个结论，反方能列出几个重要的佐证，一是《宋史》里并无王安石任海门知县的记载，二是《王荆公年谱考略》也没有记录王安石任海门县令，三是海门县学的名宦祠，祭祀在海门任职的官员，一直只有沈起没有王安石，而南宋的文天祥只是路经海门，也曾长时间入祀。

真相究竟如何？查王安石年谱，至和元年（1054年），34岁的王安石这年九月"除群牧司判官"，嘉祐二年（1057年）"改太常博士，知常州。"如果王安石真的在海门任过职的话，可能的时间段就是在至和二年沈起离任后，王自己升任常州知州前。在一江之隔的海门短暂过渡，既帮好友沈起完成了一些后续工作，又增加了在县处级岗位上的基层履历。只是时间较短，填写干部履历表时忽略了。

可以肯定的是，《海门县沈兴宗兴水利记》的确是王安石的作品，因为这是一篇署名文章。文章结尾处写："至和元年六月六日，临川王某记。"至和元年六月，王安石还没有在包公手下当差，他当时在安徽舒州任通判。沈起于宋至和年间（1054年—1055年）任海门知县，期间为百姓办实事，在沿海修筑了一条70里长堤。王安石闻知后，十分欣喜，撰写了这篇文章。舒州与海门相距不算远，王安石当时以京官的身份在地方挂职，时间较为充裕，他应好友沈起之约到海门考察，从长江乘船顺流而下还是便利的。王安石为南通留下的这首千古名诗《狼山观海》，应该就是此时途径南通狼山，登临而作：

"万里昆仑谁凿破，无边波浪拍天来。晓寒云雾连穷屿，春暖鱼龙化蛰雷。阆苑仙人何处觅？灵槎使者几时回？遨游半是江湖里，始觉今朝眼界开。"

<u>王安石的《海门县沈兴宗兴水利记》，是迄今为止发现的关于海门的最早纪实文章，明《嘉靖海门县志·词翰》将其列为第一篇，被后人认为是海门人文历史之根。</u>

王安石赞扬了沈兴宗"既堤海""浚渠川"的执政之道，这与他后来提出的变法主张有相通之处。王安石在文章中写到：做官如果做到像"沈君兴宗海门之政"那样，靠自己的作为为百姓办实事，"可谓有志矣"。他提出的"海门之政"，也融入了后来他所施行的政治主张中。

明嘉靖年间的海门知县吴宗元在《沈公堤》一诗中咏道："捍海功成百代崇，蛇龙区薮尽耕农。当年不有临川笔，到此惟知有范公。"诗中提到的"临川笔"，说的就是王安石所写的海门文章。诗人感叹，如果没有当年王安石留下《沈兴宗兴水利记》一文，人们便只知有范仲淹捍海之功绩，而不知有沈兴宗的筑堤之壮举了。

王安石是否在海门任过职，研究者对此见仁见智，有待发现更多的史料去进一步探寻。但是，可以肯定的是，王安石与海门确实有着颇深的渊源，为这个海角小邑写下了浓墨重彩的一笔，仅此就值得我们铭记千秋。

《万历通州志》关于王安石的记载

文天祥：渺渺乘风出海门

　　文天祥是南宋著名的民族英雄，他与南黄海边的海门有过短暂而不凡的交集，并用不朽的诗篇记录下这段经历。

　　据明嘉靖《海门县志》和上海市图书馆珍藏的《文文山集》记载，文天祥涉险南渡时曾经过海门，并留诗数首。

　　南宋德祐二年（1276）二月，元军兵临临安（今杭州）。文天祥奉旨出使元营被元军所扣。在押解北上途中，他于京口（今镇江）脱险，取道高邮、泰州，辗转来到通州。

031

逗留近十日,于三月二十日从通州石港附近的卖鱼湾出海南渡,决心重整旗鼓,收复大宋河山。

"臣心一片磁针石,不指南方不肯休。"经海门,过扬子江,"直挂云帆济沧海",最后到达浙江永嘉,会合南宋残部,重举抗元大旗。

南宋时海门已和大陆相连,文天祥从卖鱼湾出发,穿过马路形海湾(今已成陆),沿海门东北海面而行,绕过廖角嘴而南下进入长江口。他的《指南录》中记道:"二十八日乘风入通州海门界。""午抛泊避潮,忽有十八舟,上风冉冉而来,疑为暴客,四船戒严。"为此,他作《渔舟》诗记下此番经历:

"一阵风帆破碧烟,儿郎惊饵理弓弦。舟中自信娄师德,海上谁知鲁仲连。初谓悠扬真贼舰,复闻欸乃是渔船。人生漂泊多磨折,何日山林清昼眠。"

同时,他的《过扬子江心》描述了海门的壮丽风光,表达了热爱祖国大好河山的拳拳之心:

"渺渺乘风出海门,
一行淡水带潮浑,
长江尽处还如此,
何日岷山看发源。"

在这首诗中,文天祥清晰点明了海门位于江海交汇处的定位,指出这里是"长江尽处",并描摹了江水被海潮带浑的自然景象。

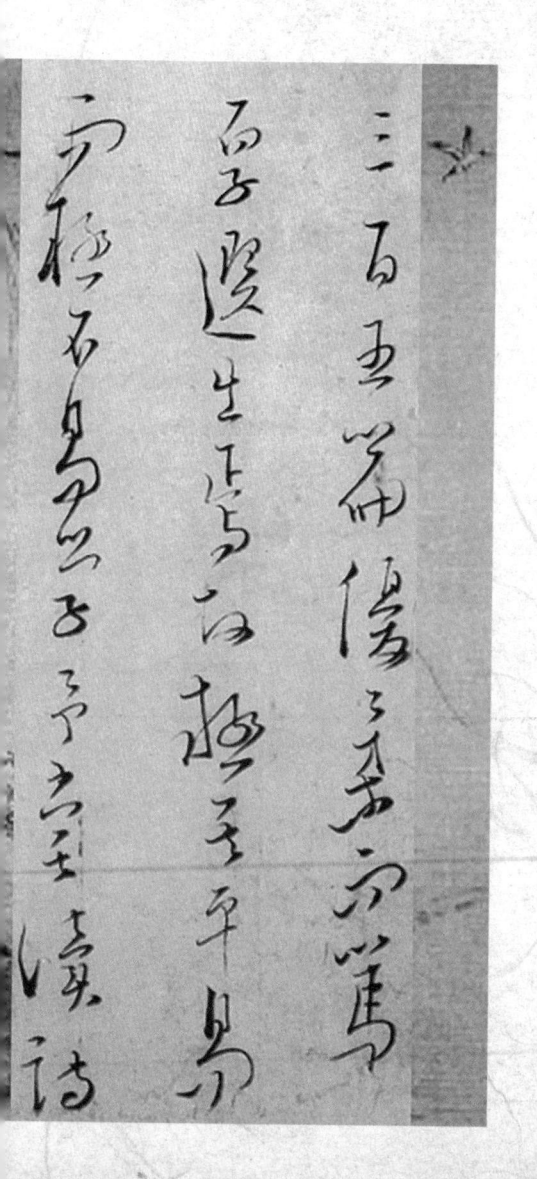

文天祥经过海门，虽然在历史长河中只是短短一瞬，但他的凛然正气千古传颂，他对海门的倾情"宣传"也被海门人民引为骄傲，人们世代崇敬他、纪念他。在明清时期，海门沿海带建有多处文天祥祠。

海门县治学宫内供奉文天祥塑像，通州判官史立模曾为此作《文丞相塑像记》。每年二月和八月，地方官员均前往祭拜。远近百姓接踵而来，人如潮涌，有时堵成人墙。

海门县学内的名宦祠，是为了纪念、祭祀曾在海门为官、政绩卓著、名扬后世的官员。明嘉靖县志记载，海门名宦祠当时供奉的是北宋海门知县沈起、南宋丞相文天祥和明代海门知县裴绍宗。这其中，文天祥并没有到海门当过地方官。这个格局一直延续到清乾隆年间，文天祥的位置才被王炳取代，原因是，"丞相文公，虽尝有海道经城下，然乱离过客，海邑人初未之识也。"这表明当时的海门官方、学界能客观地看待问题，不列入名宦祠并没有改变人们对文天祥的崇敬。

尽管文天祥祠早已随古海门坍于风浪中，但文天祥的英魂却融入悠悠江海风中。

张謇，一生做了两件事

　　海门，这方从大江大海里长出来的热土，几经沧桑，几度浮沉。然而，如果就此认定海门缺少文化，那就未免有点儿草率了。

　　因为海门出了一个十分重要的人物，他就是张謇。

张謇应试的乡试硃卷

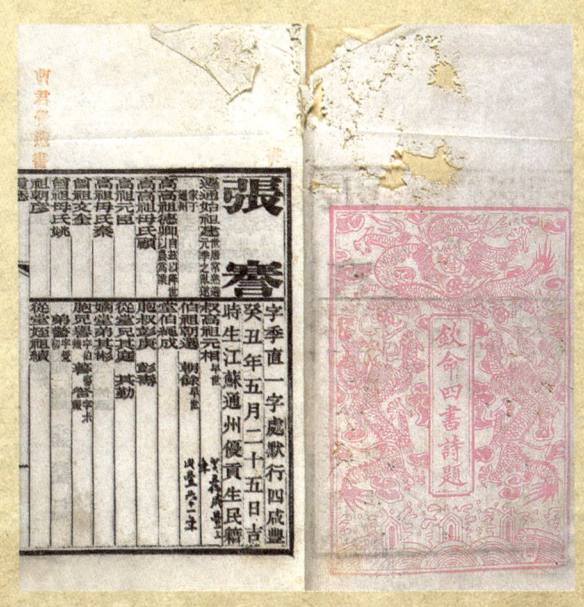

　　作为一个读书人，张謇经过26年的漫长跋涉，最终高中状元、大魁天下。如果张謇由此而登堂入室、官运亨通，京城不过多了一个官员，这一切就落入了俗套。然而作为新科状元的张謇，竟然下海了，而且是那么毅然决然，这就不再是一个普通的历史事件。张謇远离官场并非出于文人的清高或英雄迟暮的消极，他以强国拯民为己任，"愿成一分一毫有用之事，不居八命九命可耻之官"，将一腔"救亡图存、振兴民族"的爱国情怀，书写在那个风雨飘摇的年代。

　　毫无疑问，张謇是中国传统文人中的特例。他"无意做官"，却"一心做事"；他"遁居江海"，却"自营其事"；他"上不依赖政府、下不依赖社会"，却"全凭自己良心去做"。无论思想上还是实践上，张謇一生都在进行一场艰苦卓绝、惨烈无比的突围，这个出身寒门的一介书生，竟常以横刀立马的姿态出现在人们眼前。

　　张謇是一个非常特殊的"样本"。

　　他是一个特殊的历史人物。张謇身上最可贵的是理性爱国的姿态，"甲午战争"失败以后，他不抱怨、不激进、不消极、不悲观，提出"父教育、母实业"的救国主张，踏踏实实，一步一步去做。

他是一个特殊的知识分子。中国向来不缺"两耳不闻窗外事,一心只读圣贤书"的知识分子,张謇是中国第一个关注公共空间的知识分子,是最优秀的知识分子。

他是一个特殊的文化坐标。张謇当年创造了很多"全国第一",为打造"中国近代第一城"做出了巨大的贡献,给我们留下了很多宝贵经验和精神财富。他的诸多建树,奠定了南通的文化自信,提升了南通的文化高度。

张謇的一生,可以浓缩成两件事,解决了两个问题。

一是解决了钱从哪里来,也就是如何赚钱的问题。

他的实业救国之路从创办大生纱厂开始。大生纱厂创办成功以后,他的实业梦想从两个维度快速而有序地展开。

一是横向上迅速扩大产业规模。截至1925年,张謇又创办了大生二厂、三厂和八厂等四个纱厂,为我国近代民族纺织工业的崛起做出了巨大贡献。在纱厂规模不断扩大的同时,张謇又筹建了南通绣织局,并在美国纽约的第五大道、法国、瑞士、意大利等国家设立分局和办事处,大大地扩大了中国刺绣艺术品在国际上的影响,成为中国民族资本拓展市场、走向世界的一个重要里程碑。

二是纵向上全力拉长产业链条。为了解决纱厂原材料的问题,张謇以股份制的形式,创办了通海垦牧公司。垦牧公司创办以后,为降低土壤的含盐量,就大量种植大麦、高粱等作物,并以此为原料,创办了"颐生酿造厂"。随后,又陆续创办了同仁泰盐业公司、江浙渔业公司、复新面粉公司、大达公电机碾米厂、广生油厂、大隆皂厂、大昌造纸厂、翰墨林书局、资生冶厂、资生铁厂、大达内河轮船公司、新通贸易公司、通燧火柴公司、大达内河轮船公司、大生轮船公司、大达轮步公司、达通航业转运公司、大中通运公司、泽生水利公司、十六浦码头、南通公共汽车公司、通如海长途汽车公司、大聪电话公司、南通实业长途电话公司、通明电气公司……

张謇将金融事业视为发展实业之根本,创办了大生上海事务所、大同钱庄、淮海实业银行、南通交易所。

除了在南通创办实业,张謇还把目光投向外地,先后创办了镇江大照电灯厂、镇江开成铅笔厂、宿迁耀徐玻璃公司、景德镇瓷业公司、上海南通绣品公司、江苏实业股份有限公司、中国纺织机器制造特种股份公司、苏棉企业股份有限公司等,极大增强了大生集团的实力。

张謇用了20多年的时间,先后创办了棉纺、农垦、盐垦、机械、食品、交通运输、金融、外贸、房地产、文化等企业数10个,形成了一个以棉纺织业为核心的良性循环体系。这是中国最早的跨行业、跨领域的民族资本集团,其规模远远超过了同时代的其他企业。张謇作为这一集团

纪录片《张謇》中大生纱厂的场面

的领军人物，成为名副其实的"实业领袖"。

二是解决了钱往哪里去，也就是如何花钱的问题。

对于一个实业家而言，如何花钱比如何赚钱更能体现品位和格局。

在实业、教育相继有成之后，张謇创办了南通博物苑。随后，又陆续创办了南通图书馆、南通医院、唐闸公园，从1917年起，又先后兴建了东、西、南、北、中五座公园，俗称"五公园"。他用私资在南通建立了南通公共体育场和第二公共体育场，一个城区拥有两个体育场，在当时同类城市中独一无二。

张謇还把戏剧改良与社会改革结合起来，建造了"更俗剧场"，以此倡导先进文化。他还邀请京剧大师梅兰芳和欧阳予倩来通同台演出，在社会上产生了巨大反响。

张謇的公益事业远远不止于此，他创办了全国规模最大的育婴堂，让弃婴和贫困家庭的婴儿成为自食其力的人。

他创办了三所养老院，让所有老人老有所养。

他创办了"残废院"，残疾人不论年龄大小，都可入院，由院方提供衣食，生病后的医治和死亡后的埋葬全部由院方来负担。

为了使贫困百姓获得生路，张謇在南通、东台、仪征三县都设有了"贫民工场"，专门收容无依无靠的贫民子弟，使他们自食其力。

他创办了"栖流所"，收留乞丐，使南通成为国内唯一街上没有乞丐的城市。

他创办了"南通济良所"，对妓女进行教育，把一批妓女培养成劳动者，对改良社会风气起到了积极的作用。

为办好这些慈善事业，张謇不仅拿出了他在企业的大部分工资和红利，还欠下一身债务。在大生企业集团江河日下的情况下，张謇至少7次在报纸刊登卖字启事以济慈善。

事实上，张謇做成第一件事，就是一个非常成功的实业家。但奇怪的是，对这样一位"由儒入商""儒行商界"的特立独行的人物，很难用"商人"或"文人"去定位他。用他自己的话来说，他是"言商仍向儒"，自己骨子里依然保存着"兼济天下"的仕人梦想。

所以张謇做成了第二件事，在壮大实业实现商业理想的同时，又心悬苍生践行儒家思想、体现家国情怀，把"利"和"义"完美地平衡，这更让人钦佩和尊重。一个人存在于世界的价值，在于为社会创造了什么，给后世留下了什么。什么是成功的企业家？什么是成功的知识分子？什么是成功的官员？一个很重要的衡量标准，就是这个世界是否因为你的出现，而变得更加美好。

张謇是一个有大梦想、有大格局、有大情怀的人。主观上，张謇身上始终有那种"知不可为而为之"的悲壮和无奈。张謇是带着众多遗憾离开这个世界的，在他的宏伟蓝图中，还有很多工作没有做完，还有很多目标没有实现。正如他的《释愁》诗所写的那样："生已愁到死，既死愁不休。"张謇最终成为一个极具悲剧性的人物，成为一个壮志难酬、抱憾而死的人物，成为一个令人扼腕嗟叹的人物。

我们不难理解，张謇为何要呕心沥血将南通建设成为一个大不同于当时苦难中国的城市，一个让国人看得见希望的城市。

我们不难理解，为何张謇出殡之日，素车白马，日不绝途，数十万送行者挥泪目送这位造福于乡里的"张四先生"回归长眠之地。

我们不难理解，为何他的墓不铭不志，只留下"南通张先生之墓阙"寥寥数字。

我们不难理解，为何毛泽东对他这样评价："中国近代轻工业，不能忘记张謇。"

南通博物苑

女工传习所

更俗剧场

一个人，一座城，
寻找张謇的海门印迹

在海门，你总会听到这个名字，张謇。

尽管他离开这个世界已经90多年了，但你会感觉他的精神一直根植于江海大地，随处都能感受到他的存在。张謇凭着惊人的勇气和智慧，将偏居江北的南通，打造成中国人自己的"近代第一城"。而在他的衣胞之地海门，张謇的影响力也是巨大的。

张謇纪念馆里的古银杏树

通海墾牧公司

张謇主张"父教育而母实业",一生创办了70多家企业、370多所学校、16个慈善机构。其中除了南通各处,更辐射到以上海为龙头的长三角。回首近代史,张謇的名字和许多的中国"第一"紧紧联系在一起,可见其眼光的超前和长远。

如今,在海门,细细寻访,仍能寻找到这位乡贤的一些印记。

常乐古镇,是张謇先生的出生地。22岁赴江宁开始幕僚生涯之前,他的青少年时代就是在这个小镇上度过的。一生胸怀天下的謇翁,当年在故乡留下的遗存并不多。幸好有一个张謇纪念馆,这里搜集陈列的1000多幅照片和300多件珍贵实物,向世人展示了一个真实而伟大的形象。此外值得一说的就是纪念馆内的那棵古银杏树了。有人说此树是张状元手植,因此对其顶礼膜拜。事实上这棵银杏的历史要长得多,据考证栽于清乾隆年间1762年,至今已有258年的树龄了,被列入国家古树名木库。因为古海门已经塌入江中,因此这棵银杏被认为是海门最老的一棵树。故园的这棵大树应该是见证了张謇的成长。如今,古树被花坛围起来,上面挂着一个个小红牌牌,据说在中高考前一直有不少父母前来祈祷状元保佑孩子金榜题名。其实当年张謇也是靠着自己的聪明机智、勤学苦读及一系列机缘得以成为状元。状元何其多,历史上有很多状元郎江郎才尽、寂寂无声的例子,而张謇的成就绝不至于状元,状元仅仅是他的起点。

在常乐,张謇留给故乡人的还有颐生酒。百年的老窖池里,还散发着张謇时代的浓烈酒香。岁月如陈酿,沉淀多年越发醇厚,你可以斟上一杯,致敬这位不朽的先贤。在常乐,如今张謇故里小镇项目正在推进中,长泰街、季直街、啬翁街,张謇之名将在这里继续弘扬下去,光耀故里。

沿着张謇先生当年的足迹,从常乐往南不远,就是三厂镇。可以说,没有张謇就没有三厂这个地名。张謇从1895年"下海"在南通开办大生纱厂,大获成功后,1904年又在崇明外沙久隆镇(今属启东)筹建大生分厂,即二厂。接下来,他决定落子家乡,从1914年开始在常乐南湾购地,筹建大生三厂。所购土地分为厂基和市基两部分,厂外建成了集市,一个崭新的工业小镇就这样从荒僻的农田里蝶变而来。

张謇所题通海垦牧公司望稼楼对联,抒发了他见沧海为桑田的喜悦心情。

大生三厂

大生三厂现已被公布为国家级文物保护单位。到今天的三厂去寻访张謇时代的近代工业遗产，可以看看三厂钟楼、总办事处和原棉仓库，这些都是百年老建筑了。整座楼以灰色为主，用红色边镶嵌，下面的大门上方从右往左写着红色的繁体字"大生弟三纺织公司"，在古代，"弟"同"第"。在大生三厂的创建中，张謇的三哥张詧贡献良多，或许这个"弟"字，是善用文字技巧的张謇向其兄的致敬？

　　值得一提的是，张謇曾铺设了三厂至青龙港的轻便铁路，1921年6月建成通车。这条铁路全长近6.5公里，它不仅开了南通历史的先河，更是苏中苏北的第一条铁路。或许，它还是国内最短的一条铁路？尽管后来因故被拆除，一些资料照片上留下了这条青三铁路和小火车的"倩影"。

　　青龙港，这个当年海门沿江最热闹的港口，曾因为张謇和他的大生三厂而变得愈加繁华。三厂的原料和产品都需要从这个港口进出，而张謇的航运事业也已经起步。从青龙港启航，到张謇在上海十六铺设立的大达轮步公司码头，从那时起贯穿整个20世纪，成了无数海门人通往上海的黄金水道。

　　如今青龙港早已停航，张謇先生留在这里的遗迹，还有一处就是青龙港船闸。这一船闸是大生三厂出资，请荷兰水利专家特莱克设计，1920年竣工。此闸打通了海门内河通往长江的通道，目前仍是南通地区的重要船闸之一，由南通市交通局直接管理。

　　从大江到大海，在南黄海边上也可寻觅张謇的踪迹。为开发沿海滩涂，他在1901年创办了通海垦牧公司。为保垦牧成果特别是百姓的生命安全，1913年，张謇与张詧集股50万元，筑起一道长约50里的长堤——"张公堤"。上世纪六十年代，张公堤外又涨出一大片滩涂，海门县委、县政府组织6个公社联合围垦，在外滩又筑起一道大堤，原有的张公堤便称之为二道堤。张公堤现存4.5公里，堤高约5米。东接启东境，西至海门港新区。海水滔滔，堤坝巍峨，似乎在向人们诉说着当年张状元的功绩。

　　大江东去，浪淘尽，千古风流人物。张謇先生一生创造的业绩，一时难以说尽。他深深影响了南通这座城市的现代化进程，也让家乡海门开启了从海角小邑向江海门户的进化之旅。

　　一个人，一座城，状元张謇改变了江海。而在这片江海交汇之地，人们会更加怀念他留下的印迹……

045

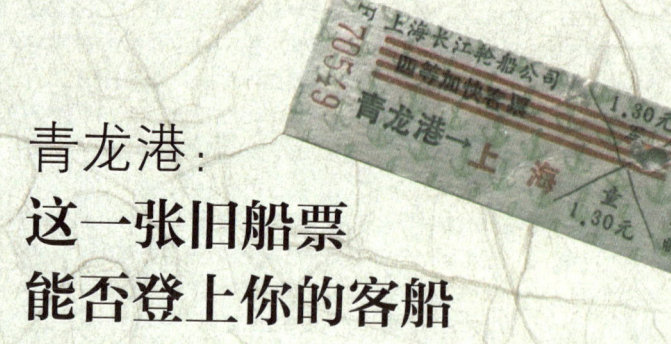

青龙港：
这一张旧船票
能否登上你的客船

江水滔滔，往事悠悠。

对于无数海门人来说，青龙港是一段无法抹去的记忆。一代代海门人背着行囊从这里跨越长江。它是梦想的出发点，也是乡愁的集散地。

公元1999年4月5日，随着一声长长的轮笛告别声拉响，这个和海门人息息相关的老港口，终于在送走最后一班客轮后宣告闭港，成为人们心中永久的陈迹。

青龙港位于海门区南部长江边的青龙河口。青龙河是清乾隆年间涨沙形成的自然河道，其时，两岸苇草青青，状如一条绵延数十里的青龙穿越而过，因而得名。

由于青龙港是大生三厂联通外界的重要节点，人们总觉得它是因张謇而兴起的。事实上，青龙港作为长江港口的历史要长得多。早在清嘉庆十一年（1806年），青龙港就成为海门境内长江上的第一渡口。光绪十四年（1888年），青龙港与上海客运码头通航。1900年，由张謇创办的大生轮船公司的木壳轮船行驶于南通与上海间，青龙港是该公司的停靠港口之一。

从青龙港出发的重要目的地，是上海十六铺码头。让海门人倍感自豪的是，这又与他们的状元公张謇相关。1904年，张謇在十六铺创办了大达轮埠公司，这是中国第一家民办轮船公司，3年后宁波商人虞洽卿在十六铺创办宁绍轮船公司。此后，苏浙两省大批乘客，即通过十六铺码头这扇门户出入上海，奔忙于各种生计和事务。

　　一位老海门人这样回忆：青龙港至十六铺的航道，是最早连接起从江北乡村到大上海的淘金之路、梦想之路。当轮船驶进黄浦江，两岸闪烁的霓虹、林立的高楼令人激荡，这在当年是家乡人羡慕不已的旅行。

　　流年似水，人生易老。百多年时光，就这样在不知不觉中云淡风轻地过去了，当年的过客回眸之间，一幕幕往事还能浮现上来。

　　数十年前，青龙港真是一个热闹的地界。浪涛滚滚的江边，常看到冒着青烟、停靠在码头的江申大轮。四季如一日，广场上长龙般的购票队伍成为码头不变的风景。一些招揽住宿、吃饭和贩卖土特产的当地人，熟练地穿梭于这些具有不同表情的客人中。

一名蟹贩正以全身解数说服一名匆匆赶路的上海客,以购买他几串金爪黄毛的大闸蟹。几个系了围兜、穿着格子布衫的大妈提着一捆捆自产的芦苇,在人群中穿插忙碌。停放路边的三三两两的载客二等车,他们不招徕也不吆喝,因为车后的坐垫上,有块四角飘舞的毛巾就是他们揽客的标志——其功能类似现在的出租车顶灯,只是不用电也不发光而已。

在与候船室门对门的码头饭店,人们除了打尖小憩、喝水吃饭外,就是向服务员打听船期及船讯。这家归属商业公司的集体饭店,规模不小,店堂正中悬挂着一幅巨大的迎客松水粉画。因为经济实惠、从不欺客,因而常常顾客盈门。记得当时一碗三鲜汤、一碗白花花的米饭加起来收1.5元,一大碗海门特产的红烧山羊肉,也只卖3.8元。几十年过去了,当时的饭菜滋味依旧记得起来,那真是人间至美的味道。

上海长江轮船公司旗下的江申113号大轮,每天似水舞银蛇,破浪而来,又如浪涌白龙满载而去,一年四季、不分寒暑地往返在上海和青龙港之间。该船分四层,底层这舱为坐票,中间一层的三等舱并非普通人所享用。上面几层均为2元多的四等客舱,一间舱室睡8人。大家同乘一条船,怀揣不同的使命和想法,向一个共同的目的地进发。从上海返回时,这些海门人已经不是来时的海门人了,他们带回了大都市的创业模式、生活方式,甚至时髦的穿着和发型。一段段人生历程,有了青龙港这个重要的驿站,变得生动而簇新。

如今的青龙港,繁华散尽,人去楼空,成为长江边一道寂寥的老风景。根据规划,这里是要建一个滨江文化创意产业园。只是昔日的那种梦想与乡愁交织的复杂情感,已经很难复制了。真的是涛声依旧,物是人非,手持一张旧船票,再也登不上你的客船了。

如今的青龙港

唤醒记忆,带你探寻通东红色基因之源

我们需要一座什么样的红色记忆馆?

在这里,我们沿着时光轨迹,唤醒红色记忆,催生前行的动力;在这里,我们重返历史场域,聆听红色风潮,跨越时空对话;在这里,我们追寻先辈足迹,凝聚信仰之力,回答发展之问。

——这里是通东革命老区红色记忆馆。

走进位于海门区正余镇的这座红色记忆馆,那段星火燎原的革命岁月生动地展现在我们目前。

1928年4月,通东地区中共第一个党支部,即二十五总党支部在正余建立,俞海清任支部书记。1929年2月,五千人的群众大会在仇家园召开,南通东乡工农苏维埃政府宣布成立,唐楚云任主席。1930年2月6日,南通县委根据省委指示,在南通东乡草蓬镇附近的张海澄宅召开大会,正式宣布成立中国工农红军江苏第一大队,任命仇建忠为大队长,政治委员李超时。江苏省最早的正规红军武装部队由此建立。1930年4月3日,通海特委和红十四军军部在如皋西

乡贲家巷召开有数万人参加的红十四军建军大会，宣告中国工农红军第十四军正式成立。活动在通东地区的中国工农红军江苏第一大队，改编为红十四军第一支队。5月，改称为红十四军二师。红二师以南通东五区为中心建立根据地和游击区，1930年5月20日，在秦超、刘瑞龙、黄火青等领导下，红军将士在赤卫队和群众支援下，发动了第三次攻打地主武装的老巢汤家苴的战斗，沉重打击了国民党反动派。在抗日战争和解放战争时期，通东地区的英雄事迹和战斗故事也层出不穷，至今广为流传。

在这里，我们感受那一簇火种。通东红色基因根植于通东地区沧海桑田的深厚土壤，以及坚苦自立（张謇语）的通东盐文化。上世纪20年代，一群革命的热血青年在这里燃起星星之火，以寸铁之兵，铸共和国之基石。三打汤家苴，夜攻八索镇，奇袭四甲坝，再破土地堂……在黑暗痛楚中追寻探索，在荆棘血泪中无畏前行，书写荡气回肠的革命史诗。

051

在这里,我们遥望那一条河流。古老又年轻的通吕运河,数万人脚踩冻土,号子震天,铁锹挥舞,泥担穿梭,一代人的青春与汗水挥洒于此,悄然改变着运河两岸的面貌。河床沉积着往昔的影像和激情,一代运河精神延续着通东红色传统。

在这里,我们怀念那一种精神。一个时代有一个时代的主题,一代人有一代人的使命。在革命、建设、发展的历史进程中,通东土地不断书写着新的故事,唯一不变的是渗入这片土地肌理的敢闯敢拼、敢为人先的红色基因。走近那些红色记忆中的人物,也是走进一部地方红色革命建设史,一部英雄纪传史、一部时代精神史。

通东革命老区红色记忆馆外景

在通东革命老区红色记忆馆驻足停留，通东这片土地上的那些年、那些人、那些事，那些呼唤过的声音、追逐过的脚步、奋斗过的身影仿佛就在身边。让红色文化与通东号子、海门山歌地域特色相映，让历史故事碰撞当代表达，让融入我们的血脉的红色基因，化为持久的力量，绵延不断，历久弥新。

通东革命老区红色记忆馆，将着力打造海门红色旅游新地标，建成爱国主义教育基地、干部教育培训基地和青少年学习成长实验基地。 到这里来走一走，阅读、观赏、聆听、触摸、对话、沉思，都将是一次难忘的心灵洗礼。

华侨村，"叠商"漂洋过海的起锚地

在中国与智利的交流史上，有两位重要的使者来自海门。

一位是张孝若，1924年中国驻智利首任全权公使。他的父亲是我们所熟知的张謇先生。

另一位是今天活跃在智利商界的企业家——郁飞，南通东方巨龙纺织品有限公司董事长，他被誉为中国智利交流的一位"民间大使"。在郁飞的多个头衔中，智利江苏商会会长、智利中国和平促统会副会长的身份，表明他已经深深地扎根在这个遥远的南美国度。郁飞带领家乡人在智利创业、兴业，成为当地的一段佳话。这一切的成就离不开他的家乡海门三星林西村，一个从上世纪九十年代兴起的华侨村。

从叠石桥走向世界各地的华商被简称为"叠商"，而林西村，无疑是这些叠商漂洋过海，闯荡世界的"起锚地"。

林西村是海门最早从事绣品家纺生产，也是最早有人出国经商的行政村。

1993年，郁飞的叔叔郁建祥带着20包床上用品来到莫斯科，顶着人地生疏、语言不通的压力，用计算器当嘴巴，开始与外国人做生意。后来，他又带着床品来到了罗马尼亚，逐步完成了原始积累，并开办了绣品公司。虽然尝尽艰辛，但这是林西人成功迈出跨国经营的第一步。

1997年，时任林西村党支部书记的蔡云松在答应乡里"经商工作两不误"的要求后，也开始频繁往返于罗马尼亚和林西村之间，每次出去一个多礼拜，销售一批

绣品，也把更多的信息带回村里。他鼓励有条件的人走出国门，年龄大的妇女留在村里搞生产，那时国外家纺产品的价格要比国内高出一两倍甚至更多，一个集装箱的货，就能赚40多万元。在蔡书记的带动下，一大批村民都走出国门，寻找属于自己的新世界。

历尽艰辛，终于站稳脚跟。郁建祥和蔡云松成功走出去的经验，迅速在林西村传播开来。一个带一个，一个百人的跨国经营团队很快形成，当地人称"郁家军"，在家纺、房地产、矿业、运输业等领域经营得风生水起。目前全村3500多口人，在海外经商、工作的有600多人，遍布南非、罗马尼亚、智利等20多个国家和地区，每年从村里卖到国外的家纺产品超过了2亿美元。

郁飞是如今"郁家军"的代表人物，他的血液里流淌着海门人开拓创新的基因，20年前，他从罗马尼亚转战智利，通过不断在成败中积累经验与教训，成为南美的华商领袖。现在，郁飞已在多个国家创办了10多家企业，从事家纺、百货、家具、建材及地产生意。

"在国外做生意不是一个人在战斗，而是抱团发展，带着更多家乡人共同致富。"郁飞说，最自豪的不是自己赚了多少钱，而是在海外搭建了平台，带动乡亲们致富，也增进了南通与海外的联系。

他们无论走到哪里，都有一颗滚烫的中国心。在国外做堂堂正正的中国人，守法经商，维护市场，赢得了智利商务部的高度赞赏。郁飞热心慈善，无论是智利洪水暴发还是国内新冠疫情发生，他都义无反顾地组织老乡捐钱捐物，担当社会责任。

2019年5月19日，南通人创业南美20周年庆典在智利举行，中国驻智利大使徐步出席活动，并对这批海外创业南通人给予了高度评价。截至目前，包括罗马尼亚、智利、南非在内，南通商人聚集的地方，已经成立了40个商会组织。他们日常组织活动，信息互通有无，分享经验教训，互相扶持壮大。较早跟随郁建祥出去的方成祥也在埃塞俄比亚建立了商会，定期碰头，联络感情，讨论当前市场、未来发展。

2011年9月，林西村被命名为江苏省首个"华侨村"。两年后，林西村在全省率先成立村级侨联组织，让众多侨商在家乡也有了组织。近年来，林西人的海外经营由传统的家纺行业向建筑、房地产、矿业、运输业、服装、百货等多元化发展，同时带动了国内棉花、面料、包装、物流等诸多产业的发展，成了名副其实的"跨国经营第一村"。

走得再远，根在海门。

"生命的旅途无非就两件事，出门与回家，有些人一生都不敢出门，有些人出了门就忘了回家，"郁飞说，"我们是时代发展的受益人，我们出国后才知道更爱国，国家是我们最坚强的后盾。我们的根永远在海门，永远在中国。"

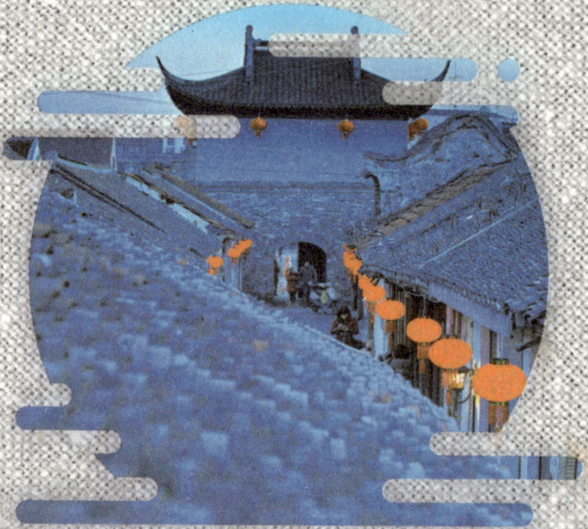

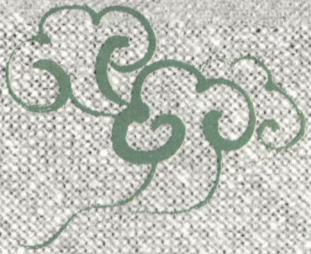

贰

这片风景只在江海交汇处才有

全景
海门 旅游地图

黄海

东灶港
蛎岈山国家海洋公园
海港生态公园

余东古镇

叠石桥国际家纺城

海门市区

张謇文化旅游景区

麒麟红木城

悦来教育装备创新基地

智谷绿海生态旅游度假区

江苏省江海博物馆

大生三厂景区

卞之琳纪念馆

东布洲长滩公园

长江

海门足球小镇

"花香海永"旅游度假区

059

一道江海之光，
照亮时空之旅

　　江水滔滔，徐行万里，经过千年的涤荡与沉积，在入海口冲击出一片平原。这里土肥草茂，人杰地灵，一代代江海儿女在此繁衍生息，欣欣向荣。

　　如今，在海门城区南部，全国唯一、江苏首创的全面展示江海文化起源、传承、发展的国有中型省级主题馆——江苏省江海博物馆，已坐落于此，与孕育它的江海文化相得益彰。

　　如果你第一次走近，或者远道而来，首先被吸引的是它端庄大气的外形。黑白灰的色调散发出中国水墨的典雅韵味，环绕四周的水系更是增添了江南水乡的灵动之气。整座博物馆诠释了建筑设计师贝聿铭的一句名言，建筑是一种社会艺术的形式。

　　从南门进去，迎面而来的是镇馆之作——以定海神针为灵感筑造而成的浮雕柱，它用凝固的语言，向游客讲述出大禹治水、精卫填海、哪吒闹海的神话故事。背后，同样充满江海特色的雕塑与之一起传颂着中华民族自强不息的精神。

　　从大厅左转，便来到了"江海之光"固定展区。起初，背景音乐是《故乡的原风景》，缥缈而隐约。在它陪伴下，你仿佛走进一道多姿多彩亦多艰难的历史长廊，也许还会唤醒深藏心底的乡愁。

　　在这里，你可以回首江海人民以追江赶海之勤劳、耕江煮海之智慧与通江达海之大气所谱写的厚重史籍；可以阅读范仲淹修堤捍海、张士诚揭竿而起、张謇实业救国的壮丽篇章；可以窥见江海人民开疆拓土的发展动脉；你也能够领略南

061

通童子戏、邵伯花香鼓的民俗风采，还能够欣赏到自西周至民国期间涵盖了绝大多数品类的珍藏文物。

音响里传出的拉网号子，与展厅陈列的赶海场景相映成趣，一声声，一片片，仿佛将参观者唤回波涛起伏的大海边。渔民的脸上挂着汗水与笑容，因为他们知道自己这趟出海的辛劳，换来的是一家人的一段好光景……

你走着，看着，听着，左手历史，右手艺术，宛若通过江海之光进行了一趟时空之旅。

陶器、玉石、书画，在这里展示中华文艺匠心独运的精彩。

农业、渔业、盐业，在这里重现东洲平原百业兴盛的成绩。

过去、现在、未来，在这里见证江海子民继往开来的步履。

博物馆呈院落式，顺着"江海之光"展区的常规参观路线，出来后来到北大厅的优秀特色文化展区，你可以看到红木文玩、诗韵倪琴、海门特色老家具，可以解读色织土布技艺、张謇颐生酒业的玉酿琼浆、海门山歌的唱响中国、海门灶花的吉祥寓意……

一方水土养一方人，各种具有江海特色的文物，记载着当地民众的慧心与巧思，下里巴人的烟火也不乏阳春白雪的情致。

从北厅转到南厅，走廊立有六根石柱，用浮雕方式展示海门的悠悠历史。千百年来，沧海变桑田，荒原成家园，造就出新时代"海纳百川，强毅力行"的海门精神。

走廊两侧的庭院也获得充分利用，原本质朴寻常的石头，刻上本土风情的狮山闲眺、江潮听月、龙津渔火等生活画面，就成了"海门二十小景"。小径蜿蜒，减步慢行，倒也是一步一画，一画一景，别有一番雅趣。或者，在径旁木椅上小坐，发会儿呆，看会儿花开，便是浮生得闲了。

海门市民是有眼福的，不用出远门，每个月前来博物馆特展区，便能欣赏各地区、各时代的精美之作，感受中国文化遗产的博大精深。

倘若你是慕名前来的游客，可以在馆内文创商品展区，选购具有江风海韵的小玩意儿，自己留作纪念也可，赠送朋友也别致。

雕塑家罗丹曾说："博物馆最大的作用就是让人们在这里寻找到被历史的烟尘所湮没的人类文明的踪迹。"在江海博物馆，关于长江三角洲，昨日获得重现，时光可以逆流。

海门，就像丰富多元的江海文化中的一颗明珠，江海博物馆则是这颗珠宝的鉴定书。走进它，等于走进几代人的精神家园；品读它，就等于品读一座城的华彩篇章。

TIPS

★江海博物馆，位于海门区东布洲中路99号（江海文化公园西侧）

★每周二至周日全天开放

★免费参观，但"免费不免票"，您只需凭身份证等有效证件换票一张即可入馆一游

走进状元故里，
如同看一部励志大片

　　常乐镇是清末状元张謇的故里，国家特色景观旅游名镇。对于这位富有传奇色彩的状元，许多人以前或多或少听说过他的点滴故事，但是，当你参观过张謇文化旅游景区，你定会对这位中国近代著名的实业家、教育家、慈善家、社会活动家有一个更深刻、完整的认识，或许会从此影响和改变你的人生轨迹。

　　张謇先生逝世十年后的1936年，社会名流和家乡百姓感念他生前的丰功伟绩和高尚品德，把常乐镇东首关帝庙的后殿，改造成张公故里祠堂。如今的张謇纪念馆，

是在张公祠旧址上建造而成的。2010年11月8日，扩建后的张謇纪念馆开馆。

走进张謇纪念馆门楼，迎面照壁上刻着一段张謇先生的名言：

"天之生人也，与草木无异。若遗留一二有用事业，与草木同生，即不与草木同腐朽。"

张謇认为，人生在世，与草木并没有什么大的不同，如果留下一些有用的事业，虽然与草木一同生长，却不会与草木一起腐朽。一语道破了他的人生观和价值观，他用尽一生气力，为国为民做有益事业。

踏进大门，甬道右侧屹立一方石碑，两米有余，碑题"张公故里祠堂记"。碑文表达了故里百姓怀念张謇，要立专祠报答的心情，以及因国运多舛、民生困苦，海门又连年遭受蝗灾，无力建造专祠，无奈之下，把关帝庙后殿改作祠堂的情况。碑文还介绍了张謇先生的道德、学问、事业在国内外的深远影响，特别指出家乡百姓受惠最深，并期望后人能建造专祠加以纪念。

绕过照壁,正面是张謇纪念馆拓展时修建的张公祠堂,前人为张謇建专祠的夙愿如今已经实现。张公祠东侧,是纪念馆的庭院。院中年近300年的古银杏树仍然枝繁叶茂、生机勃勃。苍松翠柏,红枫绿柳,冬青紫薇,各种花木五彩斑斓,争奇斗艳,生机盎然,散落于状元湖畔、九曲桥旁、状元山上、状元亭下。

2000多平方米的张謇业迹展示大楼,由序厅、主展厅、影视厅、休息厅等四部分组成。主展厅用"出生成长、实业救国、教育兴国、社会事业、纪念研究"五个版块,展出了与张謇一生相关的300多件珍贵文物、1000多幅史料图片、10多组仿真场景,全方位、多角度、立体化地再现了张謇先生一生的奋斗历程和伟大业绩,给人们以极强的视觉冲击力。

纪念馆内有一方用阿拉伯数字构成的墙面,上面的数字高度概括了张謇伟大的一生:

张謇16岁考中秀才,22岁因为家境贫寒,开始了长达12年的游幕生涯,30岁时张謇随吴长庆出兵朝鲜平息壬午兵变,班师回朝时,撰写了震动朝野的《朝鲜善后六策》,这是张謇在政治舞台的首秀。33岁参加顺天府乡试考中南元(南方举人第一名),之后历经多年曲折坎坷,终于在42岁时高中状元,大魁天下,他是中国科举考试历史上产生的第649位状元(中国历史上一共有653位状元)。张謇考中状元后第二年,43岁的他受甲午战败的强烈刺激,毅然辞掉官职,以"舍身喂虎"的决心,返回家乡南通,躬行地方自治,践行"父实业、母教育"理念,下海经商,创办第一家企业——大生纱厂。

状元湖畔金鳌台

张謇纪念馆秋色图

张謇捷报

49岁围海造田,创办了第一家农业股份制企业——通海垦牧公司。51岁东游日本,亲身了解了日本的君主立宪制,学习先进的日式制盐法和学校建设,回来后加以改进、推广。61岁张謇到达了政治生涯的顶峰,担任了国民政府农商部总长、全国水利局总裁。

张謇一生创办了70家金融商贸企业,在其教育思想引领下,全县涌现出370多所学校。通海垦牧公司开启了苏北声势浩大的围海造田运动序幕,黄海之滨相继涌现出98家规模较大的农垦盐垦公司。张謇一生创办16家慈善机构。胡适评价张謇先生,做了30年的开路先锋,养活了几百万人,造福于一方,影响遍及于全国。最终因病逝世,享年74岁。伟人张謇,是那个时代的一座丰碑!

张謇家诫园是张謇文化旅游景区的重要组成部分,位于张謇纪念馆之北,纵贯南北的状元湖把纪念馆和家诫园联结一体,占地面积82.5亩。张謇手书的《家诫》,集七位古人的教子格言而成。家诫园把教子七言分别刻勒于石,散立于环水步道之侧,供游客品读领悟。园中有两组雕塑形象地演绎了张謇确立家诫的缘由和书写家诫的情景:《家风传承》和《张謇撰写〈家诫〉》。

园内有四处文化墙景观:文化墙《天地大德曰生》昭示张謇兴办实业的初心——为了民生福祉,为了国家强盛;文化墙《清廉人生》由四幅关于张謇清廉人生的图文组成,反映张謇教育后人不仅在言教,更重于身传,告诫子孙要廉洁奉公、严以律己,要懂得俭乃廉之基;第三面文化墙《开创先河》展示了张謇一生创造的诸多全国第一,启示后人要有创新精神;第四幅景观墙《体育强身》是一组卡通浮雕,直观反映张謇年代提倡体育教育的风景,希冀后人健身强体,服务民族和国家。秉承张謇的体育精神,公园建有标准灯光篮球场、四连片门球场、羽毛球场、乒乓球长廊,还有可供200人早晚健身的中心广场、亲水平台、阳光步道,以及两个儿童

状元故里书香浓

游乐设施。园中景点依水而筑，星罗棋布，环湖步道，如缕串珠。

张謇家诚园里的状元湖上，曲桥凉亭，相映成趣；状元堤上，绿树芳草，俯仰生辉，和南邻的张謇纪念馆共同构成了一道风景优美的人文景观，也为当地居民和游客提供了一个集休闲、旅游、教育、健身于一体的理想场所。

游览张謇文化旅游景区，如同走进修炼人生的殿堂：在这里，少年学子获得志向滋润，心存高远，好学勤奋；成年男女树起人生壮志，矢志不渝，强毅力行；老年朋友汲取养生智慧，读书习字，诗画怡情；成功人士升华价值观念，登高站位，情系社会；受挫之人鼓起勇气，扬帆起航，劈波斩浪……这里是状元故里，也是人生旅途的加油站、充电桩、指路标，如同向你展播的一部励志大片。

状元故里，常来常乐。

TIPS

★张謇文化旅游景区，是国家AAAA级旅游景区，位于海门中部常乐镇。主要景点包括张謇纪念馆、张謇家诚园、颐生文博园和周边的全国乡村旅游重点村江苏省传统村落颐生村、九龙岛文化湿地、常乐湾等景点。张謇纪念馆免费参观，凭身份证换门票。

官公河畔九龙岛，沧海遗珠三百年

在江海交汇的海门，有一片保存较为完整的湿地，从18世纪初形成至今未被破坏。这就是半岛形态的官公河九龙岛湿地，她是海门成陆时天然海泓的遗存，属于"养在深闺人未识"的沧海遗珠。

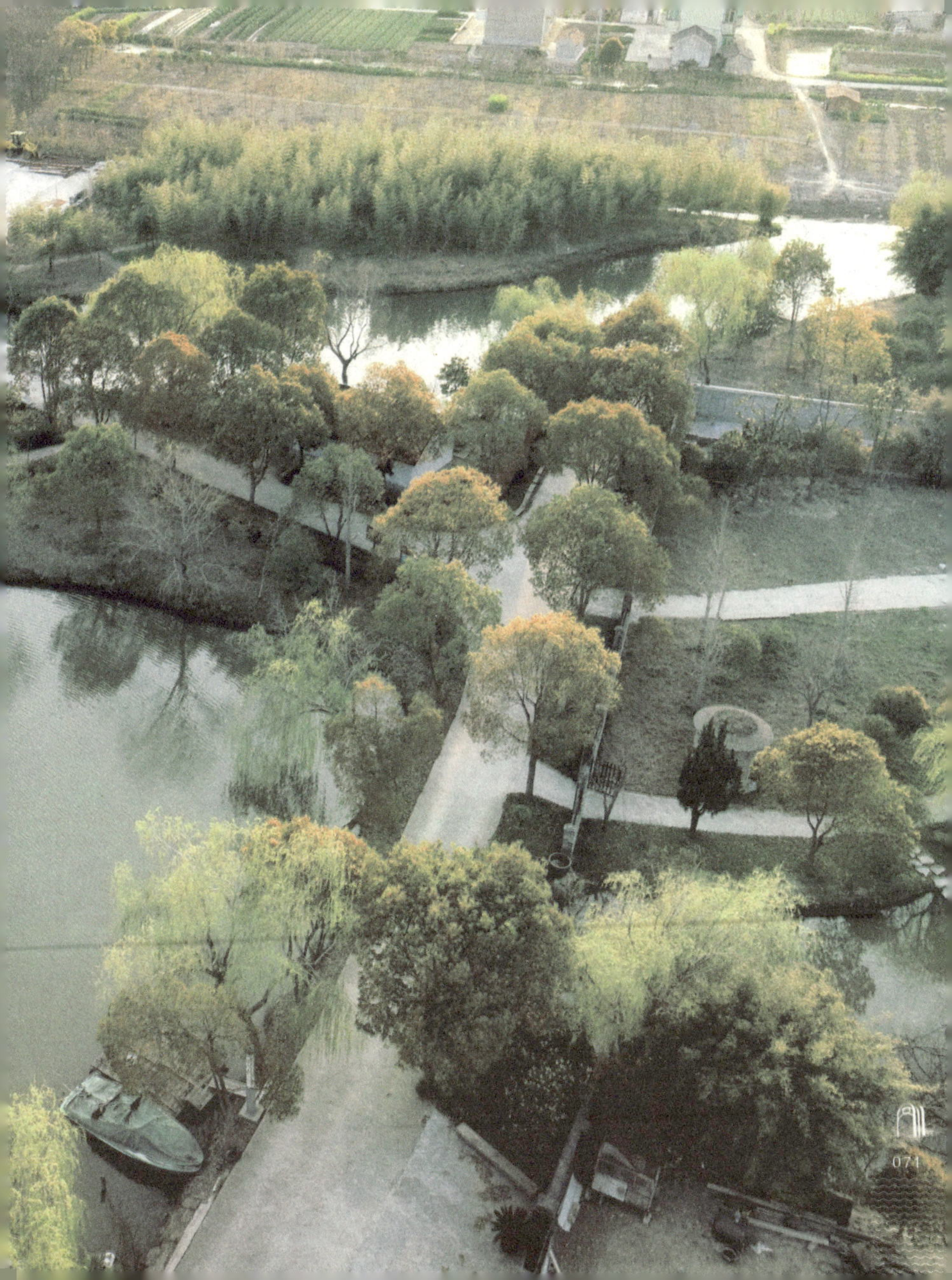

官公河，九龙岛，位于古镇常乐西北的为群村。官公河是海门新涨沙成陆时遗留下的天然河流，其主流呈西南—东北走向，弯弯曲曲，宽宽窄窄，全长大约4公里左右。众多的支流，纵横交错，肆意蔓延。在航拍的视频里，官公河好像一条飞舞的巨龙，昂头、弓身、舞爪、摆尾，活灵活现……

要问官公河是怎样形成的？这要从海门沙地的形成说起，早年这里是大海，奔腾而下的长江，夹带着中上游的泥沙冲向黄海，在潮汐的托涌下，泥沙不断沉淀，形成沙洲。日积月累，沙洲连接成陆，经过先民的艰辛垦殖，形成今天的海门沙地。而官公河及其支流，是当初沙洲之间的深泓和港梢，因为没被涨沙填平，发育不良，所以遗留下来。

官公流域的低洼地带，开垦难度大，当时无人申领开垦，所以作为育婴堂公地。《光绪海门厅图志》中，有"育婴堂公地"一页专门明确标注。也许是因为这片土地"存官充公"的性质，才有了"官公"的名字。当地百姓，将这周边一带叫作"官公圈"。官公圈属于"国有土地"，不允许私人开发，客观上维护了这一带的自然风貌和生态环境。可以说，**早在清代，官公圈就是一个"生态农业园区"**。

上世纪五六十年代以来，官公河有些浅段和港梢被填平了，显得瘦小了许多。尽管如此，她的原始身段还在，仍然尽情彰显着与众不同的容颜，和周边的广袤田地迥然不同。

海门沙地的极大部分，被海门田祖陈朝玉及其追随者们用民沟、横河纵横分割为棱角分明的井字形田，沃野万顷。而官公河九龙岛，没有一块土地是方整的，没有一条岸线是统直的。

登高望远，这片远古时代的碧水，把她身旁的土地轻捻慢捏成形态各异的样子。你看，这粗粗壮壮还高高翘起的是象鼻岛，与其相邻的叫牛耳礁，水波击岸，牛耳似乎在轻轻颤动。远处突兀于水、巍然屹立的地方，有个雷人的名字——虎头崖，而形如扫把、隐现于波浪的当称狼尾屿……九龙岛，沧海桑田造就的这颗神秘之珠，如此神奇壮丽，我们不能不叹服大自然的鬼斧神工。

九龙岛自然风光秀美，奇闻趣事也不少。这里的老人们传说，官公河深不可测，水下有洞与东海相通……事实上，这里以前是海上的主航道，曾经有多起海难发生于此，水下有好几艘沉没的碗船。据说每当猛雷霹雳之时，还能隐隐约约能听到杯碗相碰的叮当之声。

如今，这片得天独厚的地方，已经被打造成特色旅游景点官公河九龙岛度假村。2006年，在沪上经商的本地能人陆玖，回到了老家投资保护这片"世外桃源"。经过十多年来的努力，在天然景观的大背景下，九龙岛形成了三大人文景观——农耕文化馆、知青园和红色驿站，尽情演绎了海门沙地三百年历史。

农耕文化馆用丰富的实物和场景，展示了沙地近三百年的农业生产、农民生活的发展历程。你看，这是沙地居民最早的住房——

环洞舍,不用砖瓦木材,纯粹用芦苇茅草搭建,呈现了先民筚路蓝缕的艰辛。

九龙岛的知青园,又是海门下乡知青研究会的工作基地,记录了一代青年的难忘岁月。当年的青葱少年,早已经两鬓斑白,他们珍惜这段宝贵的人生经历,专门设立了海门下乡知识青年名录墙,为每个海门知青留下痕迹。知青园的橱柜里,陈列了记录那个年代这批青年特有的纪念品和文学作品,这里成了海门知青的心灵家园。据悉,每年有5000左右的当年知青,从全国各地相约来到这里,回味当年,畅叙情谊。

官公河又是一条红色的河流。九龙岛红色驿站,从一个侧面展示了海门地方的革命斗争史。官公河畔的芦苇荡里,演绎过多少可歌可泣的英雄传奇!

有人称其为"江北的沙家浜",这是一个恰如其分的评价。1929年,海门县委书记陆克在官公河畔建立了常乐镇西北支部,支部负责人许惠高、许来坤,还有党员11人。抗日战争时期,民兵英雄顾国民在上级党组织的领导下建立起锄奸队,从三四个人开始发展成拥有几百人的海西区游击队,配合东南警卫团投入反"清乡"运动,参战120多次,共歼灭敌人500多名,上交精良武器100多件,为民族解放事业立下了不朽功勋。红色驿站陈列的枪支弹药,是当年从日本鬼子和伪军手中缴获的武器。革命战争年代,当地党组织领导军民利用官公圈复杂的水域和地形与敌周旋,浴血奋战,涌现了一批批流芳百世的英雄人物:陆飞鹜、黄鹤汀、顾国民……红色驿站是我们不忘初心、牢记使命的加油站。

官公河九龙岛度假村经过十多年的精心打造,已经成为水清、林绿、天蓝的一片原生态湿地,绿色景观与红色文化交相辉映。陆玖坚守在这方净土上,走公益化之路,景区一直免收门票。

畅游九龙岛,纵览古与今,也许能为朋友们回答"你是谁,你从哪里来,你往哪里去"这个哲学问题提供参考答案。

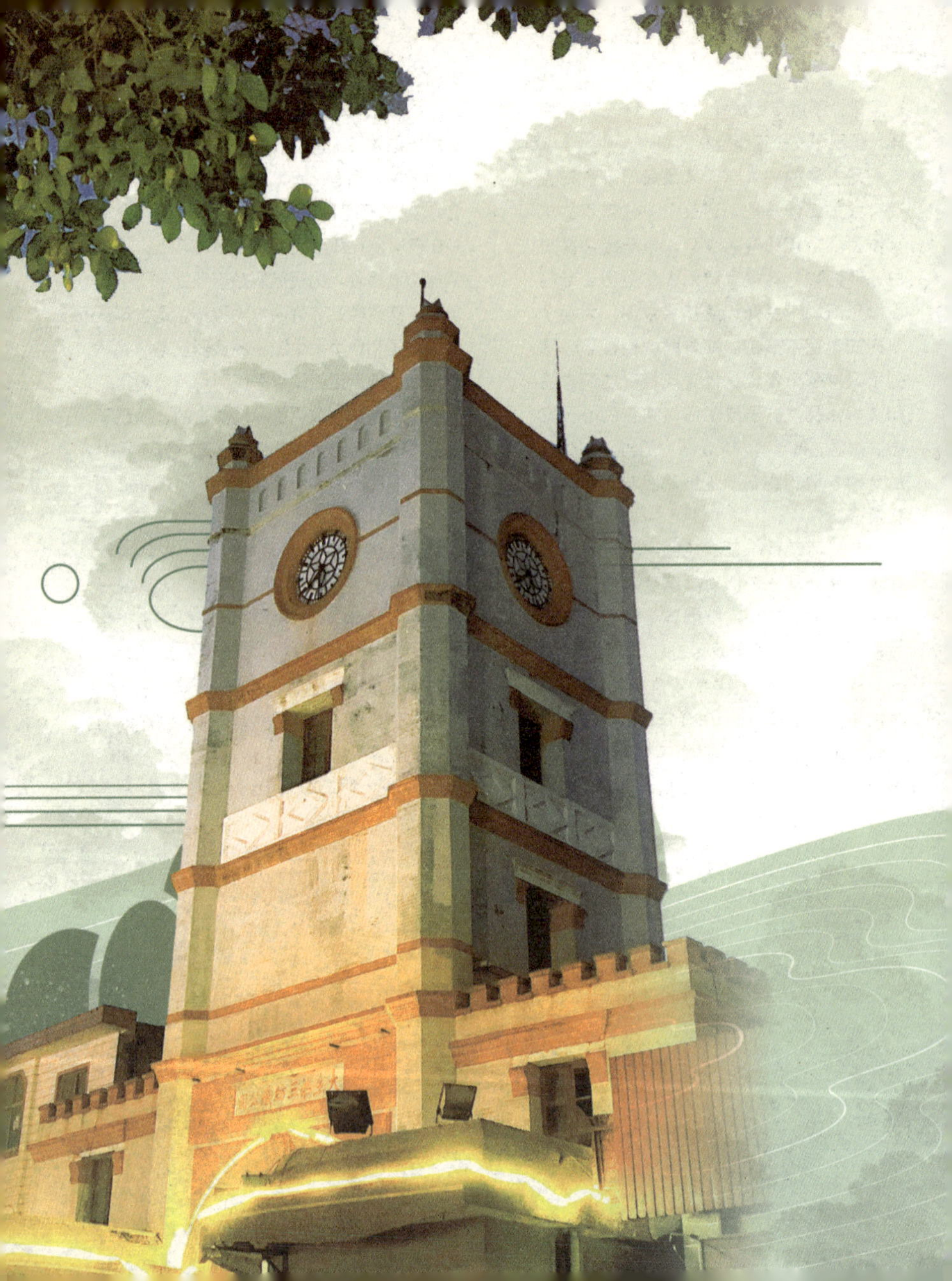

100岁的三厂钟，至今仍在报时

在张謇故里，一马平川的江海大地上，矗立着一座钟楼。这座屹立了百年仍巍然不倒的近代工业遗存，坐落在海之门城市主轴线上的三厂镇，一如当年勃发的英姿，高傲地挺立在人们的望眼中。

1914年，张謇在家乡常乐南湾购地600亩，创建大生三厂。因为受第一次世界大战的影响，大生三厂于1921年10月才正式宣布投产。大生三厂所产棉纱质量之高，赢得市场一片叫好。

从此，海门长江畔有了第一缕工业孤烟，沧海桑田之上第一次响彻了春雷般的汽笛，寂静的百年旷野也开始敲响了悠扬激荡的钟声。

三厂镇，作为一个开创未来的轻纺重镇，自此诞生。

1920年9月建成的大生三厂钟楼，被誉为海门第一楼，总高含旗杆在内为27.3米。五层砖木结构，城堡式建筑。

上世纪二十年代的大生三厂外景

大生三厂"寿星"商标

厂区俯瞰

四层设有德国造自鸣钟，动力为钢绳发条式转动齿轮。今年百岁的三厂大钟，为一批批工人上下班报时，至今运转正常。历经多次改造，大生三厂留下的百年老建筑已经屈指可数，钟楼、总办事处和原棉仓库，是保存较为完整的早期建筑，是见证海门近代工业文明的历史现场。

　　过河，距钟楼不远，一条宽不过二丈、长不足一里，显得斑驳陆离的青石路老街，真是店铺林立，人头攒动。有五彩斑斓的染坊、绸布店，有喷香诱人的脆饼油面店，还有忙碌的缝衣铺和摇面摊，一些诸如锅碗瓢盆和农具家什类的铺子更是难以尽数，那些扯着南腔北调推销各种土产杂货的招徕声，回荡在这个骤然热闹的小镇。

　　遥想那时，肩挑货郎担吹笛引客的沙地汉子和戴着大耳环亮着嗓子吆喝卖麦芽糖的通东少妇甚是醒目。撑油纸伞的姑娘以及叫卖纸花、纸风车的青年小伙也点缀其中。这条有着浓郁沙地风情的老街虽不在汴河边上，却俨然一幅近代版的清明上河图景象。

　　行走在钟楼的大门桥前，一只只瞭望的小石狮，每天不知疲倦地守护一群群被汽笛声催促、鱼贯而入的上班女工。高大挺拔的烟囱，在绿荫深处悠悠地吐着它的白云，仿佛就是一缕维持数千人生息的炊烟。许多海门人的记忆里，是有这个汽笛声的，每天准时响起，犹如不变的问候。汽笛声声，江海大地又会迎来崭新的一天。

　　"世间何物催人老，半是鸡鸣半马蹄"。一年四季，清脆悦耳的当当钟声和汽笛浑厚的高音，昼唱夜和，用各自的丽音之锤，一次次与厂区劳作者同频共振，又如催耕的布谷鸟，一声声熨帖着周遭百姓的心坎。

077

曾几何时，人们为了寻觅昔日张謇走过的足迹，行走在三厂东侧，曾桨橹欸乃而今车流滚滚的老厂河地段。清风习习，树荫处似有衣袂窸窣之声由远而来。当年，从棉铁工地走来的状元翁，就站立在湍急的青龙河和厂河两河交汇的小岛上，颔首微笑地目送着一节节满载燃煤的小火车急急从江港而来，又匆匆穿镇北去。这，哪里像视察，他分明是在欣赏一幅立体的实业兴邦图。

如今，仍伫立在远眺者眼里的大生三厂，虽经易名换主，风采仍不减当初。不知为何，人们在面对这座名垂青史的历史丰碑时，总不免想起苏轼的"突兀隧虚空，他山总不如。君看道旁石，俱是补天余"的韵味。只不过苏诗蕴含其中的"此山"二字，应是眼前不朽的实业，而"道旁石"则应是见证过往历史的钟楼了。

可岂是补天余啊，"说起轻工业，不能忘记张謇"这句沉甸甸、落地有声的点评，分明就是伟人专为张謇的补天而作赞言。

眼望这座古朴的，代表近代轻工业丰碑的钟楼，已成为在时间光影中仍然挺拔的历史背影。行走至此，人们仿佛从童年的梦里苏醒而来，一颗心却仍然激荡在昔日的袅袅余音里。

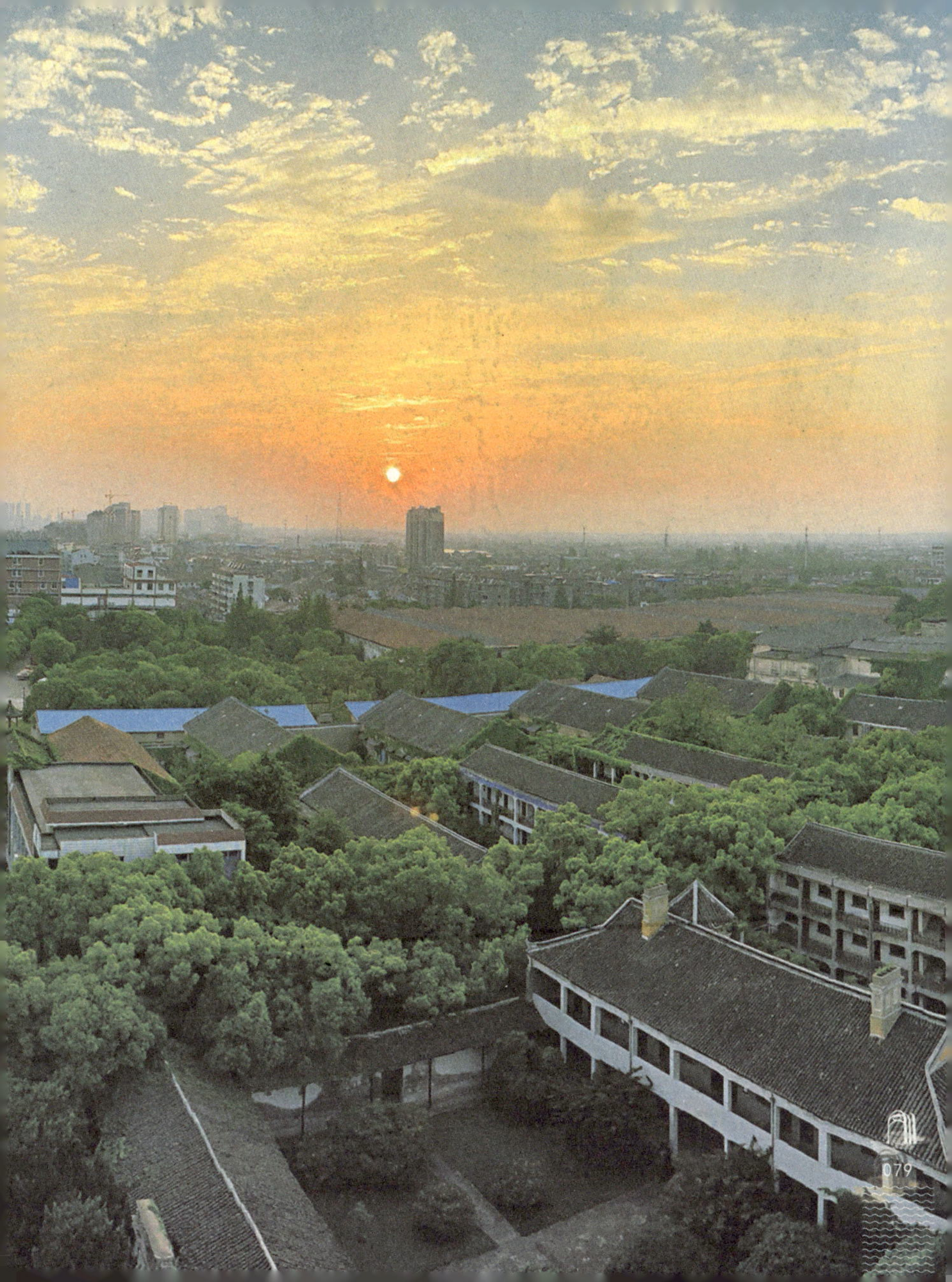

1300多年的余东古镇，湮没了几多辉煌

正是五月榴花红胜火的初夏时节，我们的脚步踏进了海门余东古镇，这里距南通城东北约五十公里。

余东在海门，是座名副其实的古镇，她竟然有着1300多年可考的历史。唐文明元年（684年），开国大将尉迟恭后人避难于此，开始围垦筑寨——那时的余东还是茫茫大海边上的一片荒滩。大历年间（763年–779年），淮南节度判官黜陟使李承实在此设灶煮盐，史称"余庆场"，为淮南重要的盐产地。元代改称余东场，余东之名由此开始。

作为古海门的重镇，余东真正的繁荣开始于明代以后。那时候，这个地区盐业已相当发达。随着海岸线的东移，余东虽已不直接从事盐业生产，但是，得益于运盐河的便利，它成为盐业运输途中的重要一站。

一首民谣描述了当年的盛况："余东城，好风光，它有四城踞四方；城里城外各十庙，五山五坊三条港；四河七桥四池塘，还有青墩双井座；亭台楼阁堂会院，凤城福地美名扬。"

然而，当我们今天走进这座古镇时，已经看不到城内林立的店铺和云集的商贾，但是，犹如玉带般环绕古镇的护城河古风依旧。虽然曾经数百年的风雨沧桑，古城河依然清澈如镜，偶有船划过，荡起片片涟漪。凤城之外，曾有一座叫戴青山的土山，现已无存，我们只能从"春日江上闲烟草，古寺城隈抱野阴"这样的诗句里，来想象当年的古海门胜景。

在当地人的引导下，我们从古镇的最南端开始了我们的踏访。沿着由2146条石板铺就的千米老街漫步，两旁渐次排开的是始建于明清的古旧建筑。小楼的山墙、院落的厅堂、屋梁的雕饰，无不向人们诉说着余东古镇的沧桑——舞榭歌台，风流总被雨打风吹去。以老街为中轴线，左右对称的两口古井，就是余东人传说中的"姐妹井"。在明代，一对姐妹同时嫁到余东，开凿双井，至今井水清冽。

在一座普通的院落前，我们停住了脚步。这里据说是崔桐的故居。低矮的屋檐、斑驳的墙壁，我们已经很难看到当年那位官拜大明帝国礼部右侍郎衣胞之地的风采，只有倒卧在斜阳草树、寻常苍陌中残断的石碑还记载着昔日的荣耀。

现在老屋的主人依然姓崔，但是名人之后早已经融入寻常百姓间，很难使人想起祖先的显赫——岁月的巨手抚平了一切。

除了崔桐，这古镇在明嘉靖年间，还出过一位叫姜锦球的武进士。在现代名人中，最有名的当属表演艺术家江村，他活跃于20世纪40年代的抗战艺坛，其艺术成就得到周恩来的推崇。这位英年早逝的演员、诗人，他的故居就在古镇的长街西侧。

因为余东古镇是被河流环绕的，建成之初共有七座桥梁，现存的仅有保安、泰安两座。虽然这两座建于清乾隆年间的石桥外观已有了很大改变，但基座仍是当年的原物。在保安桥麻石堆砌的桥墩上，"乾隆"字样依稀可辨，它是海门境内现存最古老的石桥。

与保安桥相比,泰安桥的风貌保持得相对完好,它位于古镇的最北端。尽管桥头桥尾早已物是人非,但从那飞虹架南北的姿态,我们不难想见当年画桥烟雨的优雅。

余东古镇区内最为知名的古迹当数法光寺。这座建于明万历年间的庙宇素有"第二狼山"的美誉,历来香火旺盛。其实,经过400多年的风风雨雨,到上世纪80年代初,这里已是残垣断壁一片荒凉了,后经修缮才使它旧貌换新颜。

在余东古镇的踏访,让我们感动的除了江海平原独特的地域文化外,还有古镇人宁静而恬淡的生活。正是午饭时分,古老的井台边,人们在淘米、洗菜。虽然井圈上累累绳痕展示的是一段段历史的印记,但井中的水却和当年一样清澈可鉴、甘醇如饴。古镇上的不少居民沿用的还是柴草大灶,袅袅炊烟中升腾起的也还是菜籽油或黄豆油的清香,而这些都是喧闹都市中早已逝去的风景。

时代的脚步滚滚向前,所幸的是,余东古镇的这段历史和这片宁静没有淹没在推土机的轰响中。余东剧场数十年来一直上演着老镇人钟爱的戏曲,小巷深处不时传来少儿京剧艺术团孩子们稚嫩却又纯正的腔调。这美妙的韵律让我们感到,余东古镇的血脉依然在代代传承、生生不息。

083

八卦村：
古村落里故事多

　　海门腹地树勋（今属余东镇）东部，与万年（今属悦来镇）交界处，有一条成陆时的天然港漕，通江达海，后称"三兴河"，著名的三兴河蟹就产自这里。河的中段西侧有一个神奇的"八卦村"，这个村原名六圩村，现在已并入了土地堂村。

　　大自然的神工鬼斧，造就了这个六圩这一古老村落。江潮海浪夹带的泥沙，在这里沉积，当周边成陆时这里成了盆底洼地，因此前人又以形取名俗称"脚盆圩"。三兴河港漕在这里拐了几个弯，成了"S"形，又有众多分支溪流，如同蜘蛛网，细看形似一幅八卦图，于是又以"八卦村"而闻名。

　　这块盆底湿地无人问津，当年的"垦王"陈朝玉在三角沙（现万年一带）首垦成功后西进垦荒于此时，发生了一场北部老土通东人与南部崇明沙地人的抢垦之争。初定各半共垦，后陈朝玉放弃脚盆圩给通东人，向西南发展，由此形成了通东与沙地两种语言的分界线。通东人在此安营扎寨，在中心高地建有何家庙，顺着大小港漕拉直疏通沟河。

从空中俯瞰，"八卦村"的房屋朝向确实各有不同，可惜当年屋前的河道已经不在。

085

人们沿着沟河砌房造屋，于是形成了多种不同朝向，河南朝西南而河北朝东南，沟西朝正南而沟东朝正东。你的屋后墙正是我的屋山头方向，成了"丁"字向。经过农业学大寨、现代高标准农田沟河道路建设等沧桑变迁，如今八卦或磨盘式的基本格局依然存在，一排排住房还是朝不同方向而建，称得上一大奇观。

　　这里原本是个芦荡，500亩土地上住着十来户人家，人烟稀少，周边农户种走脚田。扇骨沟河相互不通，直至尽头，才有私盐桥、杨木桥、万盛桥、三星桥、中平桥等通向村外。条田狭窄20-30米宽，沟河密集成网，每条沟河长满芦苇遮天蔽日，外人进入后很难辨别方向道路，常会迷路。

　　战争年代，这里成了革命武装开展游击战的根据地。抗日战争时期，我军休整、开会在此进行，把日本鬼子引进来关门打狗，涌现了崔金鳌、范步洲、张冲等一大批抗战老革命。解放战争中，这里发生了一场激战。1947年12月12日，东南警卫团三营及海中区队宿营于徐家宅一带，国民党反动派省保安第六纵队副队长叶逢春率领数百人，妄图由凤凰桥北进围歼我军。接百姓报讯，我军便将敌人引入"八卦村"，同时派出一路人马绕道进入敌后断其后路，两面夹攻。敌人钻进八卦口袋，分不清东南西北，无处逃生，落了个全军覆没的下场。这就是有名的万盛桥战斗，后人设立了纪念碑，成为红色教育基地。

土地堂村老街的背后，有着弯曲的河道和大片的绿洲

087

華夏第一跨橋

蛎岈山：
潮落登山来，汐涨离岛去

"是山非山潮落登山天下奇景扑面来，有岛无岛汐涨离岛海上壮观踏浪去"。这一首楹联，所赞的就是南黄海奇观蛎岈山。

蛎岈山，位于海门港新区出海口东北约4海里，面积约3.5平方公里，是由牡蛎活体堆积而形成的大型生物岛礁。蛎岈山的神秘之处，就像楹联中所说的那样，随着海上潮汐的涨落，入水为礁，出水为山，被当地人称为"沉浮山"。

千百年来，当地的渔民一直称牡蛎为蛎岈，蛎岈山的"蛎"就是牡蛎的蛎，"岈"字是形容蛎岈山地形的峻峭，因此而得名"蛎岈山"。蛎岈山的成因，至今还是一个谜。通常理解，蛎岈山又称蛎岈堆，其整体是由许多牡蛎贝壳经若干年生化反应而形成的贝壳礁体，表面又布满着活体牡蛎。长江注入大海时所带来的大量泥沙，合力筑成了近海处世界上面积最大的牡蛎滩。岛上生物资源特别丰富，别有一番天地，除盛产"神赐魔食，海中牛奶"之称的牡蛎外，这一海域还生长有海葵、海螺、泥螺、梭子蟹、竹节虾以及各种近海鱼类，称得上是海鲜美味的大本营。

中科院和南师大的海洋考古学家经考察论证后认为，蛎岈山是在淤泥质滩涂中出现的非石的贝蛎礁体，这种活体牡蛎礁群是"中国唯一、世界罕见"的海洋奇观，具有极高的海洋科考和生态旅游价值。

为了保护蛎岈山资源，2006年国家海洋局在此设立了海洋特别保护区，蛎岈山成为江苏省首个国家级海洋特别保护区。蛎岈山已成为环境优美、生态自然的旅游胜地，2012年被批准为国家级海洋公园，中央电视台等各级各类媒体纷纷聚焦蛎岈山，其神奇魅力吸引了众多国内外游客前来探秘。

走进蛎岈山国家海洋公园，出现在眼前的是一条蜿蜒伸向大海怀抱的栈桥，这就是华夏第一龙桥。龙桥长1280米、宽4米，它既是游客走近蛎岈山、观赏黄海风情的一座桥梁，也是中国龙文化旅游形象展示的一个舞台。整座栈桥集交通、休闲、景观等功能于一体，由桥身、龙头广场及附属建筑、龙尾广场等三部分组成。途中设有3个宽10米的会车点，并设置下桥阶梯，满足游客落潮后下滩涂游玩的愿望。在离岸1200米处设置1800m²的龙头广场和长120米的靠船码头。

蛎岈山探奇

TIPS

★ 根据潮汐，每月农历初一至初六、十六至二十一才能观看到蛎岈山全景。

★ 为了保护岛上生态系统，蛎岈山景区严格控制登岛人数。

★ 海上气候多变，请游客注意天气预报，并提前与景区预约。

游客漫步在龙桥上，眺望蛎岈山，目睹潮涨汐落，可以放飞心情，与大海零距离对话。

蛎岈山国家海洋公园总规划面积约17平方公里，其中海域面积约占15.4平方公里，陆域配套面积约占1.6平方公里。计划重点打造碧海金沙海滨浴场、海洋公园主入口、海上迷宫"创意牡蛎林"、沧海明珠观景平台、国际如意明珠岛、海洋科普文化馆、游艇俱乐部、航空俱乐部等8个重点项目。美国帕德设计有限公司已完成概念规划设计，主入口广场及两侧景观正在概念深化设计中，主入口道路已全面贯通。

在加快蛎岈山国家海洋公园建设的同时，与海洋公园相关的配套设施也在加快建设中。目前，除华夏第一龙桥外，面积1000m²海洋观光平台，江苏省第一艘高速游艇、休闲渔船已经投入使用，江苏省第一条海上高速游艇旅游航线已经正式开通。

以蛎岈山游客接待中心为核心，金黄海海鲜餐饮一条街、开心小镇生态农庄、港兴葡萄采摘园、城市森林公园、高尔夫球类体验场、素质拓展训练基地、城隍庙、太平山寺、金黄海商务酒店、锦江淮四星级宾馆等旅游配套设施齐全，这里还建有江苏省自驾游基地。蛎岈山海洋科普馆、"蛟龙"海洋深潜馆、董竹君纪念馆、张謇垦牧文化公园、海门港渔港风情街、"五七干校"遗址等旅游项目即将投入运行。

蛎岈山的景观地貌、历史人文和海鲜美食，吸引着越来越多的游客走近这个"神秘岛"。蛎岈山国家级海洋公园将会变得更加多姿迷人，成为长三角乃至全国知名的海滨休闲旅游目的地景区。

海港生态公园，南黄海畔森呼吸

2019年11月，时已深秋，参加"追梦海之门·长三角媒体看海门"的总编老记们走进南黄海边的这座公园中，被眼前这片金黄的海报森林美景所吸引，用"长枪短炮"加上无人机，拍得流连忘返，直到夕阳西下。一位来自江南的大咖说，南通主办了全国森林旅游节，我们开始觉得江海平原上哪里有多少森林？看到海门的这个大公园，植被如此茂密，还真的是一处可以森呼吸的地方。

　　来自海门港新区的工作人员介绍，海门海港生态公园是国家3A级景区，是海门重点建设的生态项目之一。总面积约90公顷，森林景观是它的主要特色。公园内植物种类约80余种，类型丰富，品类繁多，并有人工林和天然次生林，目前已有树木3万余株，森林覆盖率在70%以上。这个公园还在成长当中，计划种植苗木将达150多种，成为南黄海畔的一个天然大氧吧。

海门海港生态公园于2011年12月开工建设，历时一年建成，2014年3月正式开业接待游客。公园的特色除了树木多，还有就是水面大，水域面积占比达21.67%，木屋、小品、雕塑等傍水而设，给人以"小桥流水人家"悠然清净之感。公园配套有游客中心、特色游乐项目、运动场地与器材等服务设施，致力于打造成集休闲、文化、健身、游览、科普和生态为一体的城市森林公园。

园内景区主要分为中心湖景区、运动场地区、湿地草坪区、大地艺术区和植物观赏区5大部分。公园内树木葱茏，空气清新，曲径通幽，绿意融融，处处洋溢着盎然的勃勃生机。这里既有适合娱乐休闲的绿荫跑道、天然草坪、音乐广场、游乐设施等，也有适合进行球类竞技的场地，可满足游客的多样化需要。无论你想在海滨静静心，还是

打算与朋友们撒撒野，这个公园都能满足你的小心愿。

　　海港生态公园内开展的活动丰富多彩，几年下来已经形成了一个年度的节庆单，有不同爱好的朋友可以找准节点，前来打卡。3、4月滨海风筝节，5月森林跑步节，7、8月乡村音乐节，9月健康骑行节，10月滨海航模节，11、12月通东民俗节。什么时段来都不会觉得冷落。这一系列文化、旅游、体育活动，与自然景观旅游相结合，倡导健康绿色的生活方式，给游客带来五彩缤纷的游乐体验。

　　海门滨海游，可以有多种不同的选择。去蛎蚜山乘船出海探寻黄海奇观，到东灶港体验渔港风情尝尝正宗的海鲜，都是不错的选项。玩嗨了，吃足了，别忘了到海港生态公园休憩片刻，这里是南黄海边的一个值得停驻的心灵港湾。

小渔村走出 14 位博士，这里有答案

沿着海门港328国道向东3公里北侧,有个渔村叫大东村,这里过去是海门最东北偏僻的角落,原是一片海滩盐场。民国初期,张謇废灶兴垦,这里被改造成为一片农田。当地百姓世代以渔业、农耕为生,随潮下海捕捞,上岸从事农耕。就在这个连教师都不愿久留之地,却发生了草窝里飞出了金凤凰的奇迹——新中国成立以来,已涌现14位博士,为全国所罕见,成了远近闻名的博士村。

中国作家协会副主席叶辛题名"大东博士村"。于是又建起了一个博士园,张謇先生嫡孙、全国政协原常委、工商联常务副主席张绪武题名"大东博士园"。这里也是江苏省三星级乡村旅游景区。

想探究一下这个普通的小渔村是如何成就奇迹的,可以到"博士园"来找找答案。

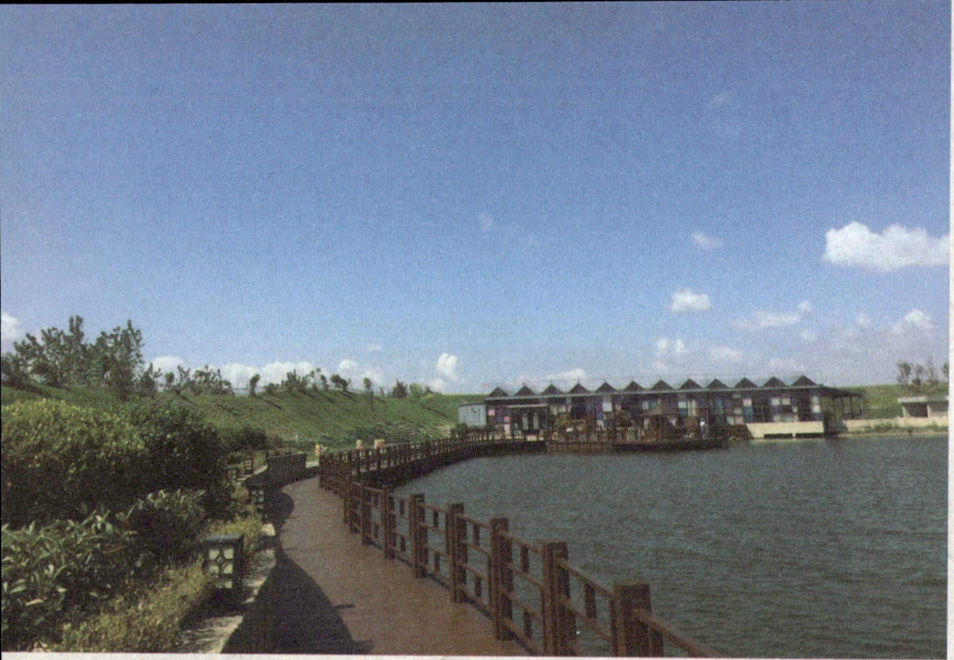

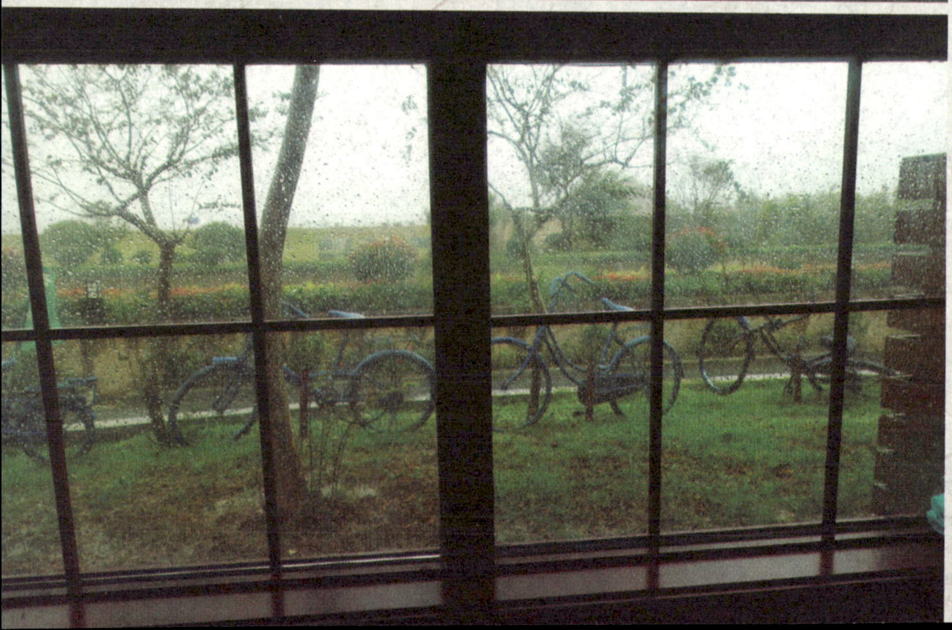

走进博士人家，依然是普通的住房和简陋的家物，却挂着政府命名的"博士之家"匾额，顿觉蓬荜生辉。背后巍巍张公堤，为这里的学子确立了向状元看齐的鸿鹄之志。穷则思变，也是他们强大的动力，这里的家庭极为重视孩子的教育，往往倾其所有来培育子女，将有限的财产转化成无尽的"活宝"。如今博士们功成名就，在海外或上海等大都市担任着重要工作，是对家庭和家乡的一种回报。

　　博士园占地238亩，主园区55亩。走进接待茶室，享受南通的红木——柞榛家具。百米展板，一个博士与你相见。张謇教育思想、海门教育之乡，让人对博士村的由来有了更深的了解。还可穿一下博士服、戴一下博士帽，过一把博士瘾，立一个博士志。

　　园内湖水清澈，可垂钓养心，也可练习一把水上高尔夫球。钢架玻璃房餐厅可举办喜庆宴会，包厢适宜聚旧，品尝当地海鲜，尽享黄海风味。河面木屋，地下套房，冬暖夏凉，花上不足百元就可以住上一夜。黄昏烧烤，篝火晚会，也是极富情调的海边聚会。夜深人静听海潮涛声，沐浴晨曦看大海日出，都是十分浪漫的选择。蓝天碧水，海风沸面，涨潮观渔船出海百舸争流，退潮见跑海捕捞人群结队，不亦乐乎！

　　晴日眺望远处，神奇的蛎岈山如同海上明珠熠熠生辉，海港栈桥与华夏龙桥，构成二龙戏珠的海上奇观。作为园区外延景区，"蛎岈山一号俱乐部"吸引着众多户外运动爱好者。你可上龙桥观光，游艇出海，登岛探秘，体验海洋世界。这里又是省级自驾游基地，接待了一批批来自上海等地的旅游团队，房车露营，体验勇敢者之路。穿过园区边门，偌大的广场是青少年活动的乐园，真人CS战场、卡丁车、箭场等体育活动动感十足，这里还多次举办过海边马拉松比赛。

　　跨越小桥，一个个连片的海产养殖场内，海鱼满池，虾蟹满塘。一排排大棚成片如飞机场，长满绿色果蔬，构成一幅乡村美景画卷。蛎岈山艺术中心则是一个快乐的学习园地，提供孩子们舞蹈、武术、跆拳道、艺术设计、海洋知识学习等特色兴趣辅导。

　　到博士园边上转转，有时间和兴趣，可亲手捞购上"离水鲜"，也可入棚采摘品尝最新鲜的果蔬，体验农家生活之乐。海边的这个博士园，有传统的文化氛围，也有朴素的江海乡村气息，是休闲度假、回归自然的好去处。

花香海永：提升世界级生态岛的颜值

崇明岛是我国第三大岛，素有"江海门户，东海瀛洲"的美名。

位于崇明岛上的海门区海永镇，是江苏嵌进上海崇明岛版图的两块飞地之一（另一块飞地为启东市启隆镇）。 因其地理位置特殊，被人誉为崇明岛上的一颗明珠。

走进海永，一处处绿色生态项目，让这里成为都市人向往的梦中田园。这片生机勃勃的天地，当初是从长江中的小沙洲起步的。

海永是一块年轻的土地，最早是20世纪30年代从长江口浮出水面的一块沙背。因其位于启东县永隆镇对南，便取名"永隆沙"。

1966年，海门县派出人员到永隆沙上"种青"，即种植芦苇，以固定并改良土壤。1969年，海门、启东两县决定对永隆沙进行第一次围堤垦荒，商议并向上级报批，永隆沙以启海交界处的两通港向南的延伸线为界，东边归启东，西边归海门（即现在的海永镇）。1970年3月，以首期围垦的近3千亩土地在芦草棚里成立国营海门县永隆沙良种繁育场，为县属事业单位。由海门各公社拆迁来的200多户农户，成为这里的第一批居民——永隆沙农场职工。1975年，海门组织实施二期围垦，这块沙洲终与上海市长征农场连成一体，成为崇明岛北沿的一部分。

1993年3月，永隆沙建立了海永乡

人民政府。2015年10月，撤乡建镇，设立海永镇。

如今当一名海永人，是一件幸福的事情。每天清晨在花香中醒来，空气中散发着芬芳香甜的气息。沐浴阳光，涤荡清风，日落之后枕着长江波涛入梦。

在沙南村向华湾的"忘忧花园"散步，让身心与大自然对话，将自己心底的小秘密告诉这里的"忘忧草"——萱草，这不就是梦境中的童话世界吗？

花香海永，处处是花的海洋。在绿大阿斯米尔花卉产业园，可以闻花、赏花、采花，与花儿合影。种植园内，数十万株、200多个品种的月季花长势茂盛，红、黄、粉、白各种颜色应有尽有，进一步扮靓了这座生态"花岛"。这里纯天然的生态环境，还吸引了喜鹊、白鹭、野鸭子及各种小昆虫纷纷造访，甚至引发了南通海关植检科专家的关注，有望在此设立昆虫研究基地或昆虫旅馆，开展青少年科普教育。

若是外地人来小镇安家，多半会选择"乐颐小镇"。这里具有江南园林风格的四合院，称为岛上的一道别样的风景线。亲子垂钓区、邻水木栈道、全家宿营区、荷塘观景区、果林区、养殖区……作为一家生态型健康养老社区，这里还配套一座5000平方米会所和158亩农庄，不少来自沪上的业主休闲互动，营造了"友好睦邻、和谐幸福"的社区氛围。

如果要重新定义21世纪生态农场概念，"福美农场"称得上是一个样板，给游人的永远是诗情画意。这里种植着薄荷、艾草、柠檬香茅等芳香植物，并设有"芳香主题馆"。在名为"绿宝石"的精致农业园里，有两个鸟巢大棚，这是海永镇与上海交大芳香植物研究中心合作基地，种植了40多个品种的薄荷，将薄荷这一植物的功效做到极致。精油观光工厂内有精油提炼设备和超临界设备等高端机械，将精油提炼做到专业，继而延伸芳疗教育、养生村及精油交易平台，营建"四季香氛"生态观光园。奥伦达部落，为你呈现出一个荷兰小镇的即时映像，正积极打造崇明岛国际高端旅游度假示范区。

从地脉里长出来的意境，将田园大地与艺术品位融汇，勾勒着海永的容颜。随着海永镇纳入上海市总体规划，这个面积

13.9平方公里的小镇迎来了全方位融入上海的新机遇。

积极策应崇明国际生态岛建设,海永镇高标准编制生态、旅游及交通规划,为未来发展绘就高品质蓝图。立足崇明岛,放眼长三角,以"花香海永·生态小镇"为发展主题,大力推进"生态+"精致农业、高端文旅、创意会展、康体养生四大产业。作为全国休闲农业与乡村旅游示范点、全国"美丽乡村"创建试点单位、中国最佳生态休闲旅游目的地,拥有三个"国字号"头衔的海永正在谱写更多美丽中国的故事。

海永是海门的一块宝地,她的目标是成为世界级生态岛上的一颗璀璨明珠。

2021年,崇明将举办花博会。这对于海永来说,又是一个送上门来的"大礼包"。对岛上的项目来说,是一次"晋级"的机会。

这样的海永,你还不快去?

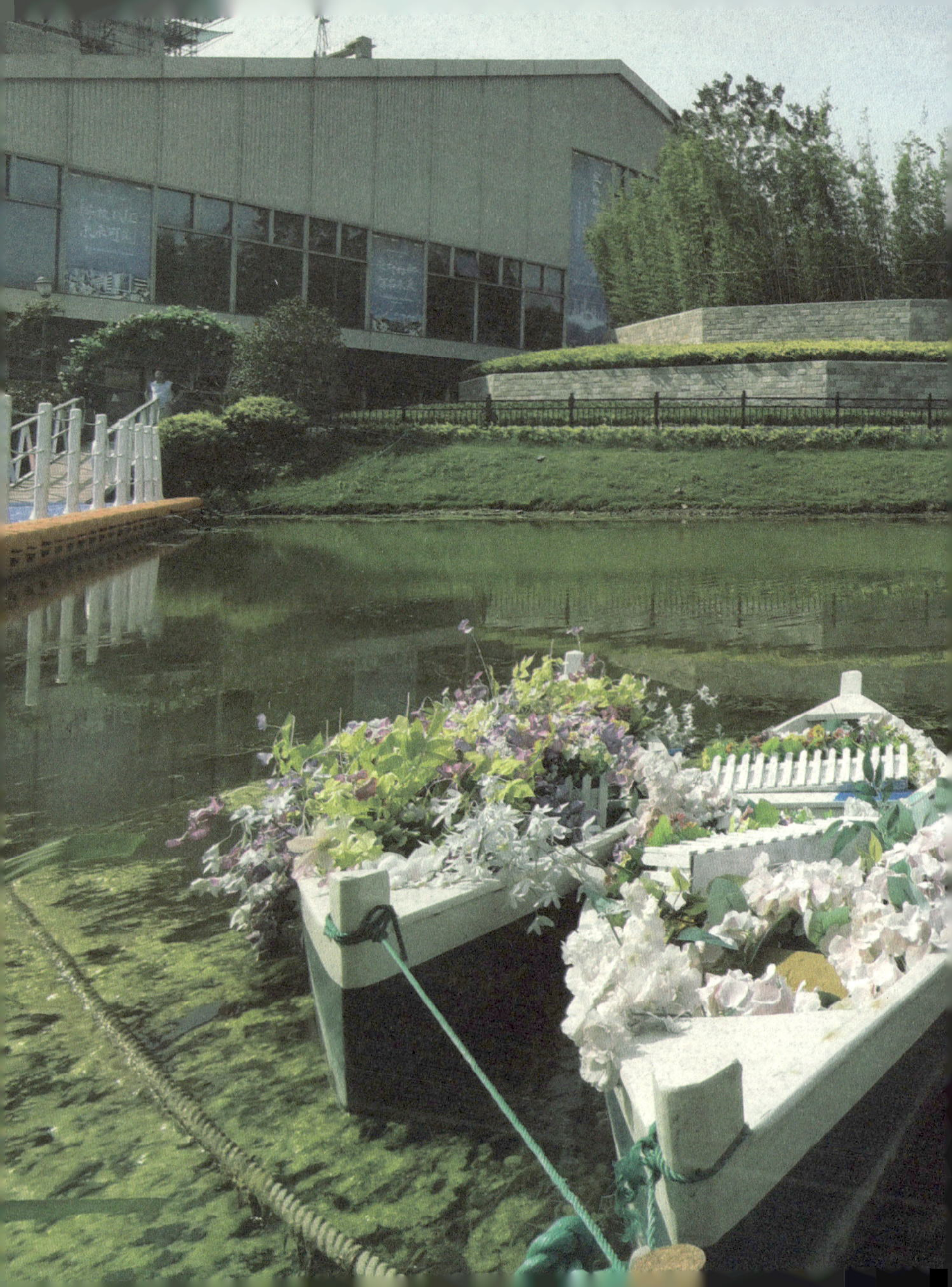

东布洲长滩公园，留住醉美长江岸

　　东布洲，一个古老的名字，是古海门这块神奇大地未建县以前的叫法。北宋初年的全国地理著作《太平寰宇记》记载了涨沙而成的东洲、布洲。长江每年注入大海的泥沙有5亿多吨，在长江口创造一两个沙洲不是件难事。晋代葛洪《神仙传》记述："麻姑自说云，接侍以来，已见东海三为桑田。"神话虽然虚幻，但也是现实的曲折反映。而这种沧海桑田之事，在长江口是有可能的。

　　如今到海门旅游，何处可寻东布洲？古代的遗迹早已几度沉浮难觅踪影了，在长江岸边，紧邻崇明岛，一座以东布洲命名的公园向游人敞开怀抱。

　　东布洲长滩公园南依长江，是结合沿江江堤打造的景观绿化带生态建设项目。公园位于海门临江新区，拥有清新俊逸的自然风光和精心打造的景点。公园总长5公里，总占地面积600亩。公园内种植了5万棵乔木和1万平方米花海，形成"杉的王国，花的海洋"。目前，东布洲长滩公园已建成，2020年4月26日举行了开园仪式，向公众开放。

　　临江新区是海门重点打造的高新生态区。东布洲长滩公园的建成开放，是在国家关于长江生态环境修复的宏大背景下展开的，让海门滨江新长廊的绿化之路又向前迈进了一大步。

　　这里成了海门新晋的网红景点，也成了游客周末全家出游的一个新的打卡地。

长滩公园约 5.3 公里江堤景观带，是颇受海门人喜爱的露营地。曾有位网友留下诗意的描述："黑夜里，我们与长江隔望，璀璨的灯火诉说渔火的浪漫。苍穹的光朦朦胧胧，透过树枝泻到地面……"

当生活不仅仅局限于都市的车水马龙时，公园，便成为一种难以取代的生活方式。踱步自然中，与花鸟树木为伴，鲜氧环绕，在生态的维度里，找回生活的真谛。

这里离上海、南通都不算远。周末，带上孩子，到东布洲长滩公园里，在低密植被的环拥下嬉戏打闹一天，这样的生活，生机勃勃又野趣十足。哪怕找一片草坪，一家人围坐在野餐垫上，看着满眼意趣天成的风景画，也是美好的。

来看看公园内那些名字很潮的景点

圣托里尼之恋

满足你关于浪漫与美的幻想，是个凹造型的好地方，几张照片就能让你妥妥抢占朋友圈 C 位。

爱丽丝梦游仙境花海

让无数人一见倾心，甚至有网友直呼，这是美到令人想放声大哭的节奏。湛蓝的天空与烂漫的花海融为一体，如同一幅油画，分分钟勾起你的少女心！

精灵旅社

形态各异绿植景观小品，通过单纯的空间让孩子感悟户外的魅力；更有郁郁葱葱的植物迷宫，可以体验穿梭迷宫的神秘感。

一生相随

走在被花海和青草夹拥着的栈道上，栈道两边植被葱茏，花草树木都争相地向你诉说欢乐。不远处，蔚蓝的湖水光点点，时光静谧美好。

两个人的荒岛

景观百桦树古老而庄重，见证了许多年轻人圣洁的爱情。两个人的荒岛，也是两个人对爱情的坚守。

107

寻找田园山水画的千古密码

张正忠国画作品

江海平原的海门本没有山，但是却有三处"山"被人们津津乐道。

　　一是狮子山，亦名师山。这一兀坐在海门烈士馆后面的小小土丘，象征着海门人的地域文化，无怪乎附近街道、广场等均以师山来命名，师山也被人誉为心中的"书山"。二是位于东灶港东北侧的蛎岈山，是一个天然两栖生物岛，因盛产牡蛎而闻名。蛎岈山潮涨为礁、潮落为山，沙丘起伏，别有天地，可谓世上奇观、南黄海"奇山"。

　　位于海门开发区的中国田园山水画史馆，是第三个与"山"有关的地方。依凭海门人开创的田园山水学科这座"山"，这里成为一个弘扬中华文化、传播高雅艺术的文化阵地，可以说是长江边的"画山"。画史馆所采用的学术成果，其奉献者就是中国田园山水画院院长张正忠先生。

　　一位从乡村田野走出来的画家，从自己擅长的田园山水画出发，经过30多年的不懈努力，探求田园山水画的千古奥秘，成为国内知名的"土专家"。当地政府以他20多年学术研究成果《中国田园山水画史》一书为基础，委托海门经济技术开发区建设了"中国田园山水画史馆"这个文化项目。经过3年精心筹备，2016年11月正式开馆，并成功举办了"生态·乡愁——首届中国田园山水画双年展"等全国性艺术活动。该馆是专门陈列画史图片文字、普及中国画高雅艺术知识的公益性文化讲堂，也是全国首创的画史专馆。

画史馆以文字、图片的形式展示了中国田园山水画的概念、发展历史、历代经典作品以及极高的学术研究价值、学习借鉴价值、艺术观赏价值和生态文明价值。大展厅陈列分为五个部分：第一部分"田园山水，艺术瑰宝"，展示田园山水画的概念、意义、功能；第二部分"起源发展，代代相传"，展示田园山水画的起源、古代、近现代史；第三部分讲述了田园山水画的史学和理论在海门的诞生经过；第四部分呈现的是中国田园山水画的现状；第五部分讲述中国田园山水画发展中的重要活动及影响。

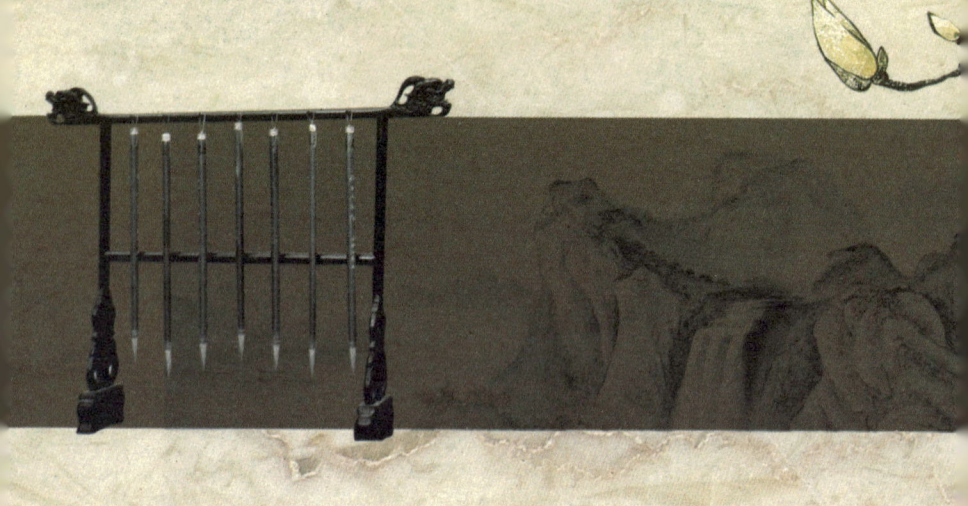

在这里，你可以放下身心的疲惫，仔细观看、倾听讲解，享受中国山水画艺术的美好故事。在这里，你可寻觅到田园山水里的四汀宅沟、春江水暖、竹林牧羊、田畴农耕。置身馆内，你仿佛可听到风吹芦苇的沙沙声，闻到醉人心脾的四季花香，感受到历代艺术的相承和创新。"采菊东篱下，悠然见南山"的景象，会如梦如幻地映入眼帘。

田园精神是中国传统文化的一部分。今天，田园山水作为一个审美词汇已经被广泛使用，正在积极继续发挥它的积极作用。生态文明和家园情结是永恒的主题，爱国爱乡、文化自信、乡村振兴，这些现实的课题都可以从传统的山水田园诗画中汲取养分。

"看得见山、望得见水、记得住乡愁"；走进画史馆，你可以把它当成一座心灵修养的驿站，也可作为一个诗意栖居的港湾。

中国田园山水画史馆

TIPS

★中国田园山水画史馆由海门经济技术开发区主办,海门区文化广电和旅游局主管。位于国家级海门开发区东江路186号,总建筑面积930多平方米。画史馆的宗旨是:普及画史知识,弘扬中华民族文化,建设海门文化品牌,推动田园山水画艺术发展。画史馆有展示、研究、传播、培训、收藏等十大功能。2018年被评为"南通市社科普及基地",2019年被列为海门文创旅游景点。

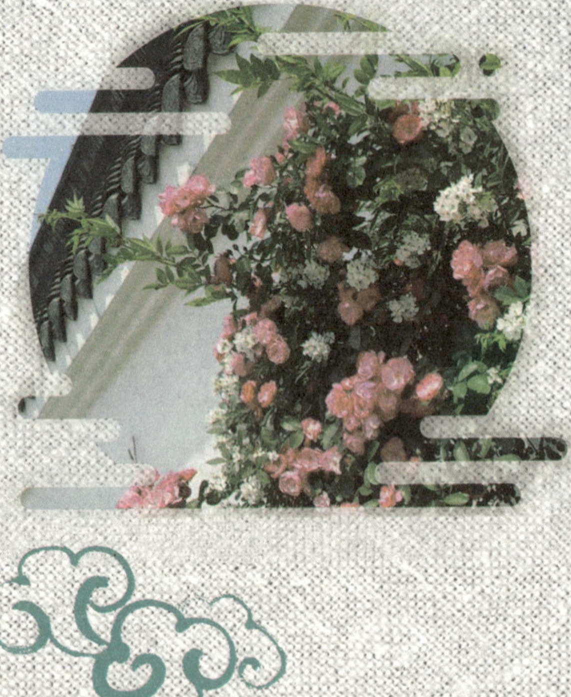

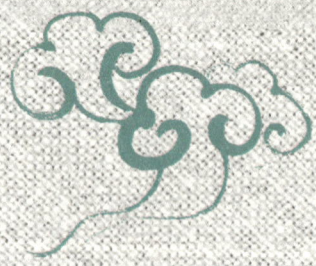

叁

海派生活
滨江临海的闲情偶记

在十八楼上望长江

在 2019 年 11 月举行的海门首届江海文化旅游节期间,一场"卞之琳故乡行"诗歌音乐让与会者难以忘怀。记得其中有一首诗,题为《在十八楼上望长江》,听罢朗诵令人神往,在江边的大楼上眺望长江,是一种怎样的体验?

如果你是有心人,想去寻找一下诗中的"十八楼",可以给你提供一个线索,海门经济技术开发区管委会大楼的十八楼,就是这个观江的绝佳点。尽管此处不是一个对游客开放的景点,但近年来不少采风活动选择到这里来摄影、写生,只要提前与管理者对接好应该就行。

在这里,通过观光玻璃观景台向南望去,确实是一幅如诗如画的江景图。特别要说的,这里能很清晰看到对岸的崇明岛,两地只隔很浅的一湾水。崇明岛版图最西边的尖角,就在视角之内。

如果说海门沿江风光带,是一个偌大的城市会客厅,这个观景台就是一个可以登高望远的阳台。

眺望长江之美,让人忍不住想到江边走一走。那么,就下楼南行,到沿江观光带来一次滨江漫步吧。江面波光潋滟,沿岸绿色连绵,开阔的岸堤旁百花绽放,绿油油的草地,在阳光的照耀下显得愈发青翠,给人一种置身大草原的错觉。

岸边成片的芦苇将人的思绪带回长江

边,微风吹过,不时会惊起一行行白鹭翩翩而飞。这里的成荫绿树和湿地风光,也是拍婚纱照的取景胜地。

海门沿江风光带的新一轮打造正在进行中。这里将立足本地地域特色,融江海文化、运动文化、沙洲文化、创新文化等历史人文元素于其中。在艺术设计上赋予时代感的同时,注意不对自然生态景观造成破坏。

一幅未来的蓝图也将在这里徐徐展开。沿江堤走向,构建东西贯通的观江景观带,串联各个沿江景点与活动场地,拥有可行可停的滨江休闲体验带。这里今后将形成"一带、四区"的沿江休闲度假构架,江堤慢行和车行结合,提供不同速度的观江体验。

在慢休闲体验区,这里以东部自然湿地、林地及未来规划的海之门门户广场、湿地花海、音乐草坪、旅游服务配套设施、草坪剧场等,将城市与田园生活交织融合,为游客提供沿江休闲度假新空间。在文化展示体验区,结合目前的江海文化园等园林,展示集长江自然与人文于一体的文创展示体验园。对园区水系联通改造后,水陆并游的文化体验园也给游客带来别样的体验。在生态涵养区,利用原有湿地景观,充分保护水源地,结合这里的植物特性,提供沿江生态植物观光与休闲,并衔接休闲商业功能。在滨江活力运动区,设置沿江特色运动休闲项目,同时结合海门沙洲成陆形态,设置沙洲主题运动项目,并提供露营、夜间活动产品,打造全龄、全时、全季的滨江特色运动区。

不知不觉,夕阳西下,此时的十八楼上,观大江日落,又是一番无敌美景。相信不久的未来,在这里俯瞰沿江风光带,各处新景观,将尽收眼底。

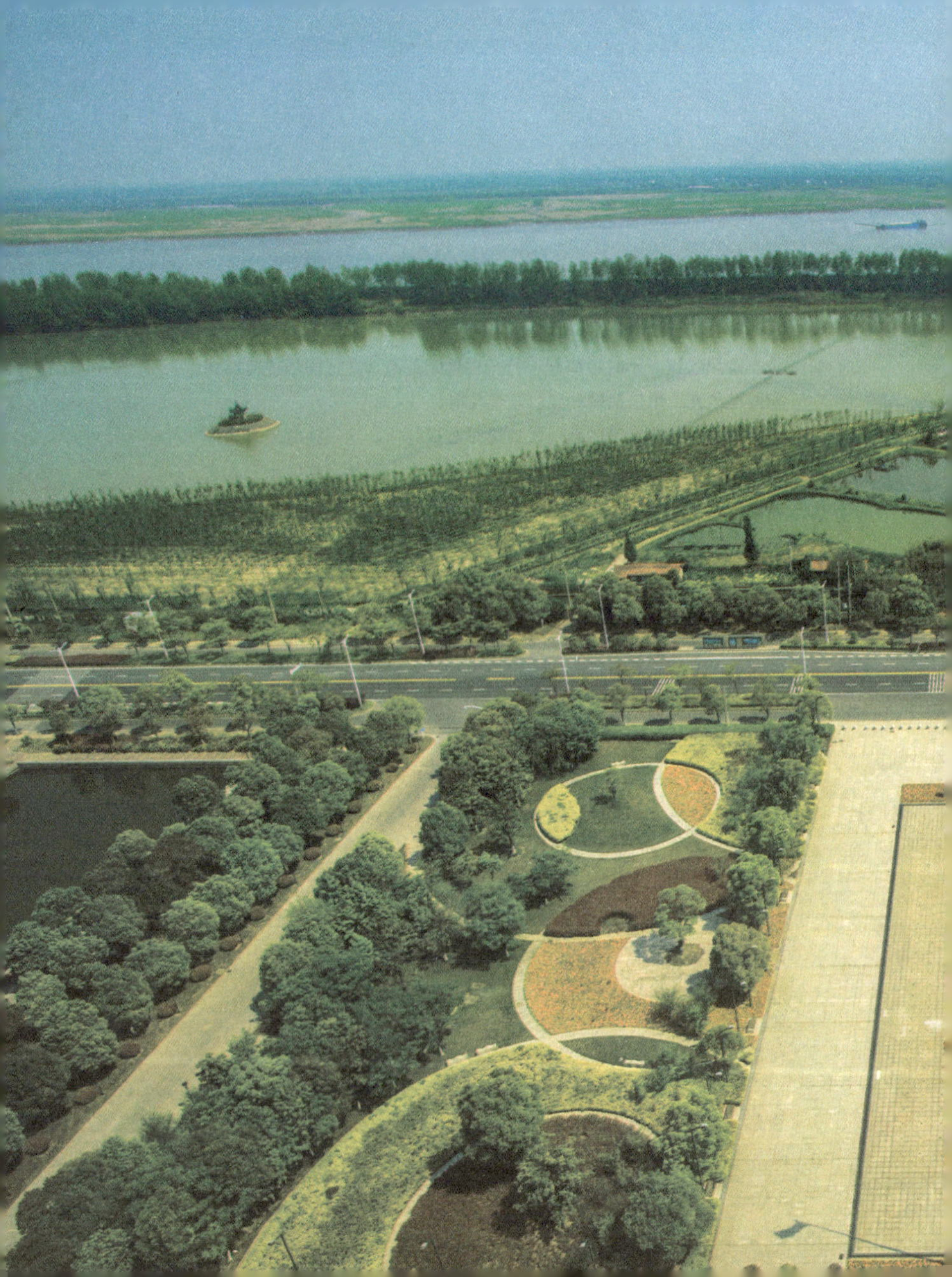

在海门开发区大楼远眺长江及崇明岛

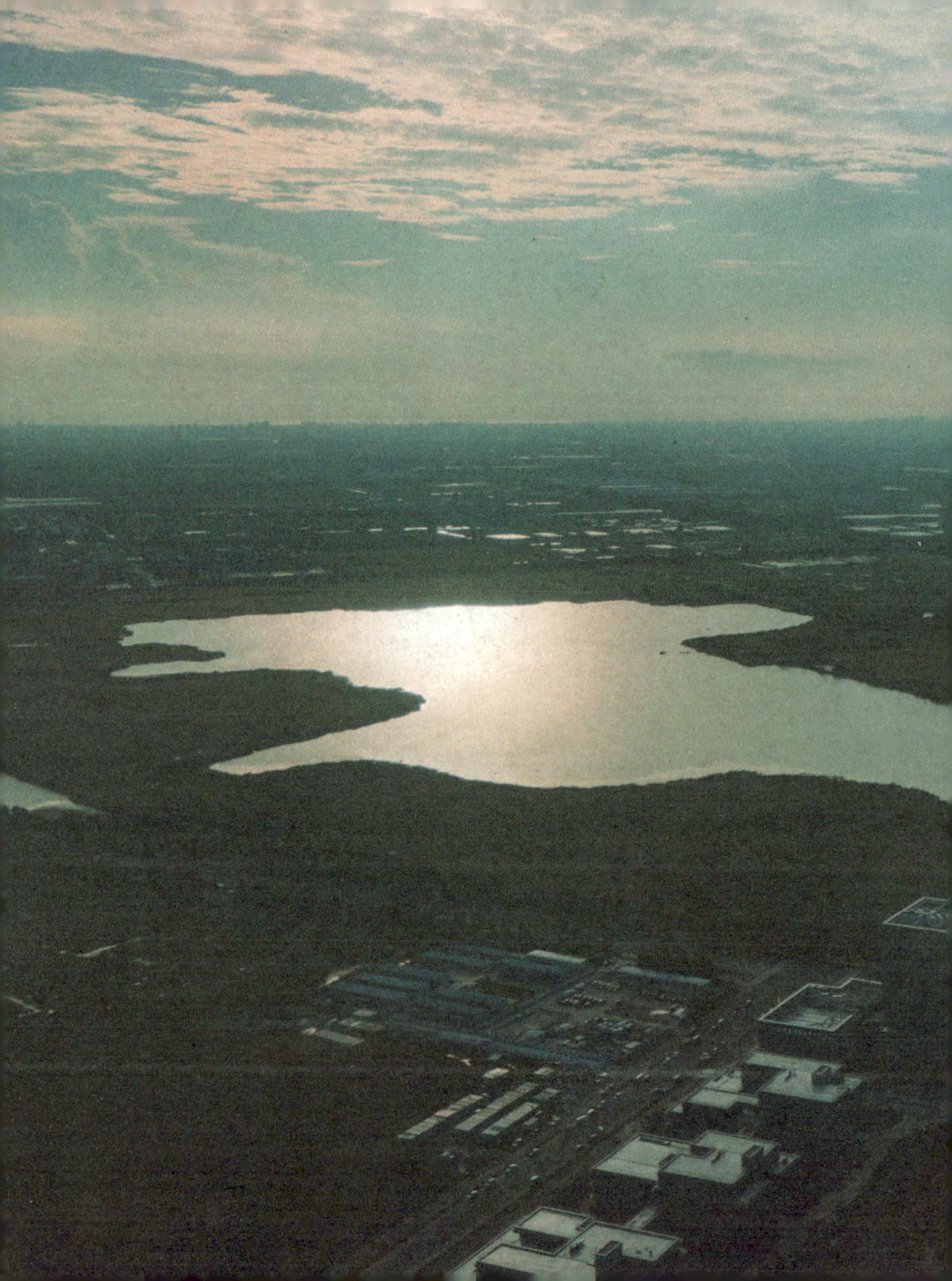

謇公湖畔乐享闲适时光

　　謇公湖，顾名思义，与清末状元、近代实业家、教育家张謇先生有关。张謇当年兴建长江岸堤保坍工程，取土形成水塘。后人为纪念其在水利事业上的功绩，保护和利用好这片水面，又经多次开挖，成为海门占地面积最大的人工湖。

　　目前，位于海门开发区的謇公湖公园项目已经显山露水，包括景观绿化、环湖通道、休闲广场、亲水平台、人工沙滩等各个景点正在进一步完善。项目建成后，将成为具有鲜明水景观特色的现代生态观光平台和市民休闲、聚会新去处。

　　謇公湖公园总面积224万平方米，分两期建设，承担着提升城市整体形象、改善居民生活环境的重要功能，是生态南城的"绿核"所在，绿地面积98万平方米，水面面积84万平方米。

目前,市政景观部分完成基础施工,2020年底项目基本完工。

走进謇公湖公园,目前已经完成了部分造景和铺设的景致映入眼帘,一条绿意盎然的主园路向前方延伸,可以看到园中的雪松、榉树、朴树、栾树等都已栽种。再把目光向两侧延展,儿童乐园花池已砌筑完成,苗木栽植到位。

对面的观赏大草坪35000平方已基本完成,整个大草坪地形有起有伏,绿色涌出,仿佛进入了一片远离城市喧嚣的静谧世界。这里的观湖视野很好,是市民们踏青漫步、放风筝的好地方。

謇公湖公园绿化种植的设计思路,是构建"乡土性、多样性、科学性、生态性"的植物群落,营造百花烂漫、层林尽染、苍翠欲滴的四季景观。背景林以自然式种植为主,主要乔木品种有雪松、水杉、银杏、无患子等,灌木主要有红叶李、石楠、桂花、黄金槐等,高中低层次分明,常绿落叶品种丰富,四季有景。公园的总体设计理念是以生态为核心,传播可持续发展,打造一座现代时尚、舒适宜人、生态与教育相结合的综合性公园。

顺着路一直往前走，在一侧略高的地势上，满是成片的各色乔木和灌木，绿色是主基调。这里是疏林草坡风景区，种植常绿及落叶大乔木，搭配大面积的草坪空间，给市民开敞宽阔的休闲场地，局部地块种植大片观赏草和多年生草本，营造自然生态的草坡景观。主要种植树种为香樟、雪松、中山杉、墨西哥落羽杉等35种常绿乔灌木，榉树、朴树、乌桕等59种落叶乔灌木，火焰南天竹、粉花绣线菊、红叶石楠等24种灌木地被，粉黛乱子草、波斯菊、向日葵等28种花草地被，千屈菜、梭鱼草等7种水生植物。漫步其中，观察自然的细节，可以感受到植物的呼吸。带着孩子过来，既可观察自然之美，又是一次不错的现场科普。

伫立于睿公湖畔，饱览一汪清水，在这边走走逛逛，是一段难得的闲适时光。倾听飞鸟的啼鸣，呼吸清新的空气，仿佛置身于天然氧吧一般，可以感受人与自然和谐共生。再回味睿公那段关于"人与草木"的名言，我们更会沿着先贤的足印，充满精气神走向新的人生旅程。

海门足球小镇，
足坛又一座"兵工厂"

一个优秀的足球青训基地，培育出一批叱咤足坛的风云人物。这个传奇故事发生在与海门紧邻的崇明岛根宝足球训练基地，当今国足"一哥"武磊正是从那里走出。如今，与崇明岛只隔一湾浅水的海门开发区也悄然崛起了一座足球小镇，众多的足球少年从这里起步走向职业舞台。

说起海门足球小镇的缘起，不得不提一个人，那就是朝鲜族汉子李太镇。2011年，李太镇用自己拖鞋厂60%的利润和海门教育部门合作共建"珂缔缘"足球俱乐部，开启了一扇传奇之门，也写下了足坛最励志的故事之一。

在9年时间里，这个一度"以厂养球"的足球俱乐部，竟然为国家输送了一批又一批青少年足球人才。2011年至2019年，中南珂缔缘俱乐部共培养了近300名少年足球运动员，建立了从U7到U18的完整梯队，向各年龄段国家少年队及国家集训营输送90多人次，俱乐部各梯队在全国各项赛事中取得了诸多荣誉。其中，2015年，中国足协发出组建2019届16岁以下国家队优秀运动员训练通知，珂缔缘有胡杰等6名球员入选了正选名单，另有两人

进入候补名单。珂缔缘8名小球员入围少年国家,仅次于贡献10人的广州恒大,而双方在投入上根本不属一个等级。

对于外界来说,海门足球小镇取得如此炫目的青训成果是难解之谜。人们只知道这里既有肤色各异的外籍教练,也"潜伏"着一些国内足坛的名宿。媒体记者还记得,2017年5月,前国脚孙继海来到海门足球小镇交流。当人们簇拥着这位曾在曼城队效力130场的"中国太阳"时,孙继海却快步上前与这里的一位老教练握手致意。老者正是当年健力宝队的功勋领队、元老级国脚金正民,他淡出江湖后应邀担任珂缔缘俱乐部的青训顾问。在海门足球小镇,碰巧遇见这样的"少林扫地僧"式的名宿,你千万不要惊讶。

如今,经过多年的培育和发展,足球运动已经融入海门区各所中小学,融入到了孩子们的生活中。2017年5月,海门足球小镇位列江苏省首批25家省级特色小镇创建名单。

依托于俱乐部,小镇近年来已举办了

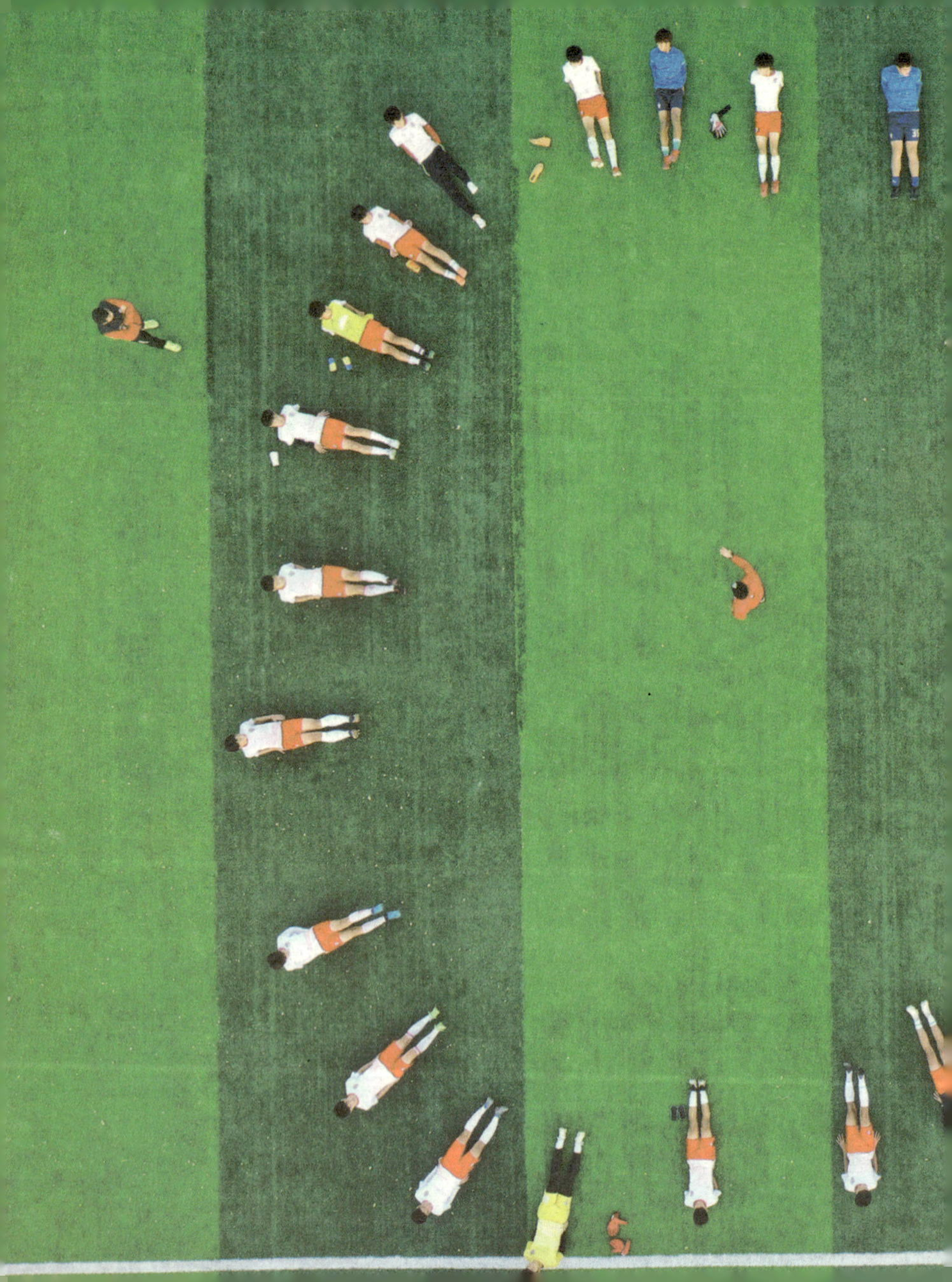

国际国内赛事10次，组织比赛200场，接待国内外观众人数超过6万人。"中南珂缔缘杯"校园足球国际邀请赛迄今已办八届，吸引了德国、波兰、巴西、日本、韩国、朝鲜等多个国家的球队前来参赛，在国内外形成了一定的影响力。

海门足球正成为一张崭新的城市名片。

与此同时，海门足球小镇也在紧锣密鼓地打造中。小镇规划面积约3.1平方公里，总投资超50亿元，分为足球教育中心、足球训练中心、足球俱乐部、科创中心、足球小镇客厅、足球主题休闲公园等六大板块，由中南珂缔缘体育文化产业有限公司和海门开发区管委会共同打造。这一规划计划用3—5年的时间，将小镇打造成为"产业特色鲜明、人文气息浓厚、生态环境优美、空间形态合理、多种功能叠加"的文旅特色小镇，形成以足球青训为轴心、足球赛事为延展、科技创新为特色的"国内领先、国际一流"的青少年足球培养中心和创新创业基地。

如今，海门足球小镇已经开始显山露水：包含6片标准足球场的训练基地一期、运动员康复中心已建成交付；小镇客厅已对外开放；海门区体育中心、中南珂缔缘足球俱乐部新基地和球迷社区项目已开工；客运中转站、嫩江路、通江路等多个公建配套项目投入使用……

更令人兴奋的是，中南珂缔缘足球俱乐部已于2019年向全社会海选招募球员，他们的计划是2021年冲乙、2023年冲甲。这是一个并不需要我们等待太久的时间表。也许在不久的将来，海门球迷就可以拥有自己的职业足球俱乐部，说不定还能看到身边有足球天赋的孩子，从这里起步，实现自己的绿茵梦想。

125

中国第一艘极地探险邮轮，从这里起航

当你经过苏通大桥北岸，目光向东望去，可在江边看到一片壮观的景象，塔吊林立，船坞绵延，巨轮次第排开。这里是招商工业海门基地。

2019年9月6日，中国首制极地探险邮轮1号船在这里命名交付，10月开启首航南极之旅。"1号邮轮"开辟了"邮轮中国制造"的先河，注定将载入中国造船史。该船的交付，意味着乘坐"中国造"的豪华邮轮穿梭南北极不再是梦。

招商工业海门基地隶属于招商局集团，其前身为"轮船招商局"。招商局集团是中央直接管理的国有重要骨干企业，2019年发布的《财富》世界500强榜单中，招商局和旗下招商银行再次入围，成为拥有两个世界500强公司的企业。招商局集团已经在邮轮全产业链上进行规划和布局。首艘中国制造极地探险邮轮在海门成功交付的同时，招商工业邮轮制造基地、邮轮配套产业园和国际邮轮城宣告启动。

大家都知道招商局这个百年"老字号"。那还是洋务运动期间，北洋大臣、直隶总督李鸿章主张设立招商局，1872年，中国近代史上第一家轮船运输企业——轮船招商局正式诞生，次年1月17日在上海洋泾浜永安街开门营业。招商局成立后，打破了外资洋行垄断中国航运的格局，成为中国民族航运业的象征，也是洋务运动硕果仅存的产物。

招商局开办了中国第一家银行、第一家保险公司，开创了中国近代民族航运业和其他许多近代经济领域诸多第一。而海门先贤张謇，也在近代民族工业、教育事业等方面创下一连串的"中国第一"。多年以后，招商局集团布局于张謇的家乡，历史在这里翻开了崭新的篇章。

走进招商工业海门基地，第一个感觉就是大，工人在厂区内要骑电瓶车才能赶往一个个作业现场。环顾四周，一架架吊机犹如庞然大物，正在建设过程中的邮轮则初具规模，看了令人心潮澎湃，现代工业之美也充分展现。

现在，招商工业海门基地已承接10艘极地探险邮轮订单，其中6艘已生效，同型邮轮订单量位居世界前列。2018年3月16日，邮轮首制船开工，这艘"1号邮轮"赴南极探险取得圆满成功。

2020年3月最新下水的3号邮轮"海洋胜利号"及开工的2号邮轮"西尔维娅厄尔号",分别是极地探险邮轮系列项目的第二艘和第四艘。

当然,在招商工业海门基地的"作品"中,37000总吨的世天邮轮不得不提。这是招商工业首个豪华中型邮轮建造项目,也是中国真正意义上首个自主设计、自主建造、自主运营的"国产邮轮",标志着我国邮轮"国轮国造"进入了实质性启动阶段。

世天邮轮总长204米,型宽27米,型深9米,最大容纳乘客量为660人,最大设计航速19.5节,配备豪华酒店、餐厅、影视娱乐大厅、高级游泳池、SPA、健身场所和深海潜艇。整个邮轮设计充分融合了全球领先技术和中国传统文化,具有鲜明的"中国特色"。该艘邮轮计划于2022年正式交付,未来将主要在中国南海营运。

豪华邮轮集娱乐、休闲、美食、海洋探险、水上运动等设施于一体,是人们追求海上旅游美好生活的平台和载体,未来邮轮旅游发展空间大。对于热爱海上旅游、极地探险的朋友来说,招商工业海门基地是值得去关注的。而参观邮轮建造的过程,本身就是一个工业旅游的好题材。

相信有一天,我们会相约来到邮轮基地的现场,在那些巨无霸驶往远方之前,见证它们的成长历程。当然,如果将来有机会乘坐邮轮向南北极进发,那就是终生难忘的旅行了。

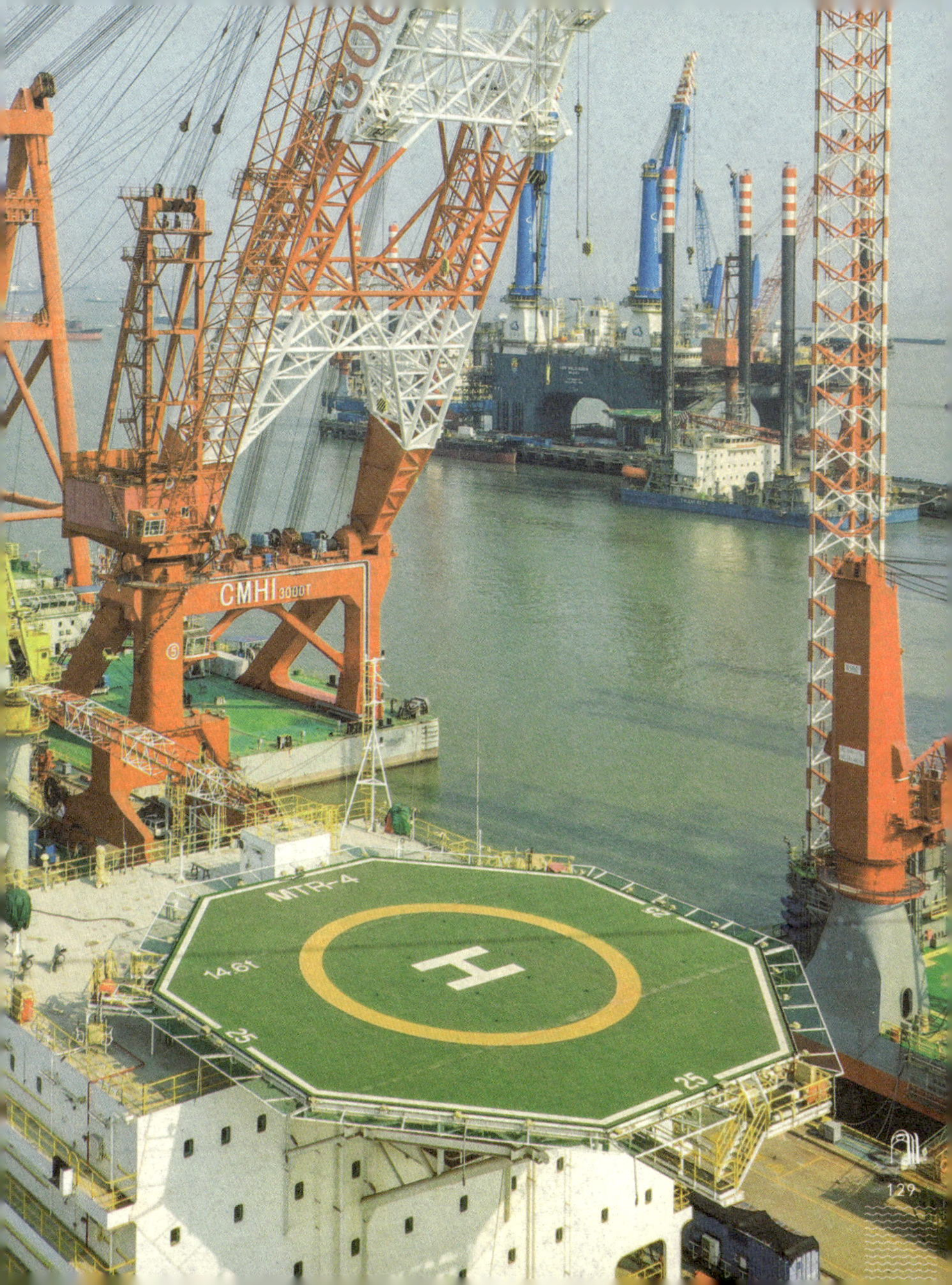
CMHI 3000T
MTR-4
14.6t
H
25
25

寻梦玲珑湖，
　这里是原创动画人的梦工场

许多人的童年都是在一部部动画片的陪伴中度过的，在当代，中国的动画人正在为原创动画的发展而奋斗，他们需要找到一个释放能量、承载梦想的空间。在海门临江新区，如诗如画的玲珑湖畔，东布洲国际动画孵化创作基地应运而生。

2019年12月12日，首届东布洲国际动画展暨第八届中国独立动画电影论坛在临江新区闪亮登场，国内外动画行业的专家学者、知名导演、年轻创作者汇聚湖光楼，共同见证这个属于动画人自己的节日。

《哪吒之魔童降世》制片人刘文章、《白蛇：缘起》制片人崔迪、《大鱼海棠》导演梁旋、《大圣归来》导演田晓鹏等国内动画界大咖聚集本次盛会，共同探讨中国动画的发展方向。

玲珑湖夜景

　　日本动画界泰斗丸山正雄，日本著名动画导演、《棒球英豪》《足球小将》作画监制江口摩吏介，日本著名导演今敏的妻子今京子，法国著名动画导演阿德里安·梅里格，埃米莉·梅西尔等国外优秀动画人也齐聚玲珑湖畔。

　　海门临江新区将成为中国独立动画电影论坛的永久举办地，随着东布洲国际动画孵化创作基地的打造，这里将成为代表中国原创动画最高水准、具有国际影响力的专业动画内容价值孵化平台。

　　首届东布洲国际动画展暨论坛的策展人皮三，是一位典型的独立动画导演。2011年，皮三创办了中国独立动画电影论坛，也就是CIAFF。这是中国内地首个非官方、非营利、由民间机构共同发起和策划的动画交流艺术项目。参加本次论坛的不少一线动画导演都曾受益于这一项目，如今凭一部《哪吒》爆红的导演饺子也曾参加过论坛的活动。

　　皮三对独立动画的定义是"独立思考，趣味表达"。在海门之前，CIAFF已经举办了7届，地点都在北京。此次移师海门，且将长期扎根于此，海门科技园玲珑湖边的这栋湖光楼也将成为东布洲国际动画展的永久会址。

　　对于选址海门，皮三总结为，"靠谱的事情往往很容易"。临江新区坚持"国际化、特色化、精品化"的发展理念,积极打造"科技、生态、人文"小城,这和他的理念不谋而合,"双方三观都适合,事情就能做成"。

纵观世界动画行业,法国昂西动画节这样的知名动画节就位于当地的动漫特色小镇,美国的布兰森音乐小镇也是全球乐迷的圣地。临江新区拥有得天独厚的区位优势,且临近上海,通过东布洲项目的推动,完全可以成为国内外动漫人才的创作基地。

展望将来,基地依托动画行业各个门类的领军人物,将于每年9-10月举办"东布洲国际动画节",同时基地下辖的"动画研究院"每个月会举办专业学术活动,整合前期孵化资源。东布洲国际动画节包括国际动画节、内容创投会、行业授权展、大师工作坊、动画艺术馆、创作孵化器几大方面。基地目标是将东布洲国际动画节打造成"中国的昂西",并成为代表中国的专业国际动画节。

中国独立动画电影论坛旨在打造动画产业的"最初一公里",成为动画原创孵化器。而随着动画小镇视觉元素的增加、动漫文化衍生品的销售,这里也将成为吸引众多动漫爱好者的打卡地。

这里将打造成国际化的动画小镇

重塑"美"与"劳"，这个教育基地可以"玩"

一块小小木片，一群10岁左右的孩子，通过一台台小机床，或切割，或钻孔，或研磨……一会儿，栩栩如生的小物件就被做出来了。

这是位于海门区悦来镇的东方教育装备创新产业城的小机床项目。在这里，有小钻床、磨床、镗床等等，犹如一座小型工厂。小朋友通过双手，不但能够学会使用机床制造产品，还能锻炼自己在切割前的绘图、设计能力。这些小机床不伤手，这里的机床综合实践课程会组织10个孩子成为一组，通过团队协作，制作出一些

较为复杂的零件或者产品。这就是海门教育旅游的一个新项目，已成为教育深度游的一个亮点。

教育，是南通的对外名片之一。在南通的教育版图上，海门以新教育为特色，独树一帜。到状元故里海门，体验一下新教育文化，对孩子来说是一次身心愉悦的快乐学习之旅。

德智体美劳，只要是上过学的中国人，对这五个字都不陌生。但由于受应试教育模式的影响，"美""劳"教育越发边缘化。新世纪后，教育界对于重塑"美""劳"的呼声越来越大，很多学校也付诸行动。作为中国新教育起步较早的海门，更是倾情投入，邀请台湾专家一起探讨，在一座废弃的初中原址，建设成了东方教育装备创新产业城。

该项目在启动之初，就定下了提琴商贸、特色办学、综合实践、展品赛事等多项内容。其中，各种教育装备的展览，在有声有色的活动中，植入劳育、美育，成为产业城的一大特色。

作为海门中小学生研学旅行基地之一，也是唯一一个文旅研学基地，东方教育装备创新产业城是一个可以"玩"的教育基地。在这里，教育设计、教育研学、教育游学一应俱全。

这座产业城所在地的前身是一所学校，因此可以完美复制学校所能涉及的大部分教育装备。

在这里，门窗、桌椅、电子黑板、吊

灯甚至教室内的一整套照明方案,都以实物展示的形式,展现在访客的面前。来到这里体验的教师表示,在这里开展创客教育,因为各种环境和一般学校无异,所以回到本校后直接照搬,快速上手。

与教育装备展示相比,丰富多彩的美育、劳育课程,将是东方教育装备创新产业城今后发展的增长点之一。在产业城内,手工制作的活动品种很多,织布、染布、创意制作等,受到前来参观的学生和家长的欢迎。手工制作宣纸、草纸等,每次都能吸引孩子们好奇的目光。

一座创新产业城,创新永远在路上。近期产业城还在改扩建,将推出野营、田间种植采摘等多种适宜旅游的项目。今后,长三角地区的家长,可以带孩子来产业城体验教育参加深度游,在这趟旅行中,学到知识和技能,体会到不一样的人文特色。

137

最浪漫的事，
就是和你去一趟都市玫瑰园

关于玫瑰，不同的国家流传着不同的传说。重要的是，现代人听到"玫瑰"两个字，大概会有一种联想，那就是"爱情"。

在海门，有这样一处与浪漫爱情有关的胜地，它叫作"都市玫瑰园"。

从闹市出发，沿着长江路一直向北，城市的喧嚣逐渐变成宁静。你可以闭上眼睛，幻想着去寻找一份藏在花瓣里的纯粹爱情。在新336绕城高速路口左拐，经过圩角河大桥的时候，你一定要放慢车速，因为"都市玫瑰园"就紧靠在圩角河西边、高速公路的北边。

玫瑰园始建于2015年，虽然年代不长，但在海门，却已无人不晓。园区总占地460亩，其中花木种植就占了大半，另有引进鲜花深加工技术，配套建设观赏区、体验区、餐饮区、婚庆区、休闲民宿区等诸多板块。

玫瑰娇贵，玫瑰园里，自然不全都是玫瑰。门口那条东西走向的小路蜿蜒而悠长，在这里，你只有步行才能在这花海中感受到爱情的香甜。左边是一丛丛怒放的玫瑰，右手边的篱笆上爬满了红、白、黄、粉、杏各种颜色的蔷薇，篱笆后面大片的绿树下还挺立着一群月季。桥面上，笔直挺立的树干便是桥栏，一座白墙青瓦的四合院便在河边毅然伫立。院门口欲滴的绿意和簇簇花团，让白墙变得不那么清淡，随风摇曳的枝条，看起来心情不错。

五月的鲜花格外抢眼，就好像热恋中的男女一样，不管你身处何处，看向何方，你的眼里都是他（她），你的嘴角忍不住上扬。

桃树、杏树、梨树、柳树、杨树……玫瑰、雏菊、郁金香、兰花、月季……一路往前走，你总能发现不一样的景色。碎花缠绕的拱门、紫藤蔓延的长廊、与树干浑然一色的木桥、充满神秘色彩的小木屋，还有唯美惊艳的草坪婚礼。

139

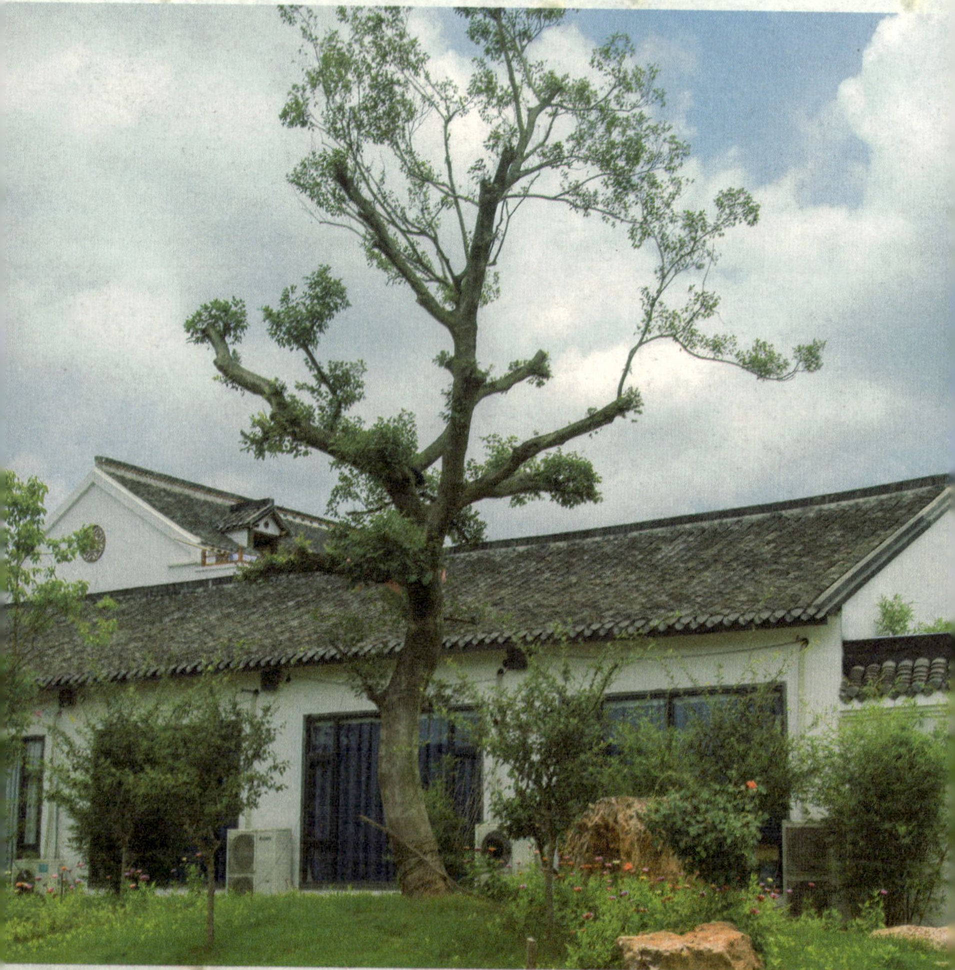

而当你绕过宴会大厅，来到后面的民宿小道上，或许会感觉到，先前的繁花如梦一场，摆在眼前的种植体验区，才是生活的本质。这里没有了玫瑰，却比玫瑰更长情。情侣们可以租用一小格田地，种上自己喜欢的瓜果蔬菜，一起照料、一起收获，走进"我挑水来你浇园"的世外桃源。偶尔抬头，呼啸而过的火车，一不小心就把你的思绪带向了未来。

在都市玫瑰园里，玫瑰的香不仅在枝头，还在舌尖。玫瑰园的老板叫石华，是一名美食家，海门非遗之海门羊肉烹制技艺代表性传承人便是他。一个喜欢美食的人，自然不会放过眼前如此浪漫的食材——玫瑰。

"园区里种了一片食用玫瑰，我们有一道菜叫作蓝色妖姬，就是用玫瑰花做的，很受欢迎。"石华介绍道，想要品尝这份美食的客人，必须选择在四到六月份的时候，来到园里现场采摘，然后送到厨房现场制作。而用玫瑰花瓣做成的花酱，更是制作玫瑰花糕的绝美原料。把糕点做成花的模样，轻轻咬下一口，竟然真的还有花的香味，真是绝妙！有菜有糕点，自然需要一杯好茶来配。出自都市玫瑰园的玫瑰花茶已经成为海门特产，摆上了"海门礼品"的专柜。

闻着花香、吃着花糕、喝着花茶，让人很难不想起那些古今浪漫的爱情故事，恨不得变身蝴蝶，像梁山伯和祝英台一样在这花间相依相伴。

于是，就在去年，园区找到了南京农业大学的几名园艺博士，打造起了现在的"蝴蝶谷"。走进蝴蝶谷，站在蝴蝶亭里，便能看到谷内所有的景色。蝴蝶谷整体布局便是一只展翅的蝴蝶，秋海棠、白兰花、刺葵、木槿、山茶花、橡皮树、水果兰、天南竹……五六十种绿植各就各位。在天气暖的时候，蝴蝶在这里尽情飞舞，情侣们争相来到这里，用相机记录美好瞬间，好像这些蝴蝶，就是他们之间定情的信物一样。

奥伦达部落，岛上生活的别样安逸

充满异域风情的民宿、设施完备的房车营地、让人食指大动的高档餐厅……来到奥伦达部落在海永镇精心打造的"崇明岛小镇"，有心人会发现，这里几乎可以媲美享有"绿色威尼斯"美誉的荷兰羊角村，它们带给人的都是一种远离都市、宁谧安逸的感觉。

作为一座集浪漫康养、生态度假、有机食养于一体的荷兰风格特色小镇，"奥伦达部落·崇明岛小镇"让人一眼难忘。这里，有崇明岛网红打卡点，这是一处充满情调的艺术展举办地，也是适宜让精神沉思的场所。插花、绘画、手工……在专业老师的带领下，游客们"偷得浮生半日闲"，全身心地陶醉在生活艺术中。

走进网友们口中的"醉美民宿"，除了"且听风吟""蒂凡尼早餐""因爱之名""凝望沉思"等风格迥异的主题客房，还有咖啡区、酒吧、电影区、游泳池等多项功能配套。既有融于自然的闲适舒缓，又有现代都市的便捷时尚，难怪有人形容这里是"人文与自然的灵魂疗养胜地"。

是的，民宿不仅仅是一幢房子、一处景观，它更是一种生活方式，一种回归自然的追求。

若是带上孩子一同出游，一定要体验下小镇上的样板房级房车营地，让孩子感受在大自然露营的乐趣，更能享受五星级奢野体验。目前，奥伦达部落设置百亩特色水岸主题房车营地，规划百余辆星级房车阵营，相对独立的庭院空间，让"全家总动员"旅途充满欢声笑语。

夜幕降临，去小镇上的原野餐厅用餐，在洒满星光小酒馆里品酒，亦或是在乡畔烧烤，"舌尖上的崇明岛"竟是如此美妙。

行走在小镇，你还会邂逅不一样的心情故事。以星巴克上海体验店为蓝本，奥伦达部落建设了手工体验中心，将皮具、木艺、编织等高品质传统手工技艺产业化，使得康养度假区沉浸式体验多元化。

作为崇明岛上的高端文旅康养度假区，这里的 70 亩观光体验区已经建成，赫恩庄园民宿酒店、星空吧、房车营地、亲子乐园、垂钓中心均已投入运营。

143

浪漫
ORENDA

这里没有大海的波澜壮阔，也没有高山的雄险伟岸，相比一般意义上的度假村，这里更像一处遗世独立的田园小镇。慵懒的阳光直勾勾地打在玻璃窗上，让每一位来客汲取着大自然的恩惠。

　　夜阑人静的时候，常常希望人生能够踏着四季的节拍前行。春季能够聆听新绿萌芽的声音，夏季能够欣赏皓月当空的震撼，秋季能够感受入夜微凉的清静，冬季能够感受白雪覆盖的苍茫。在奥伦达部落，在崇明岛，一年四季的韵律都刚刚好。

绿岛有瀛洲，闻香识月季

"荼蘼从臾访栖真，闯户嫣红绝可人。不逐群芳更代谢，一生享用四时春。"月季，被誉为"花中皇后""中国玫瑰"。初夏时节，正是月季怒放的最佳光景。

在国外，玫瑰和月季是一个词，或者将月季称为 Chinese Rose。基于此，在位于中国第三大岛——崇明岛上的海门区海永镇，江苏绿大海永农业发展有限公司创办的一座别具一格的月季种植园，67岁的园主、一位拥有德国"绿卡"的上海人秦小明将这里取了一个颇有诗意的名字——瀛洲玫瑰庄园。

秦小明当年在德国经商时，称得上风云人物。2005年，由他发起的"08之星"项目曾轰动足坛，在他运作下，国青队赴德深造，为中国足球培育了一批可用之才。2008年，秦小明"深藏功与名"，扎根崇明岛，在海永创立了绿大公司，心甘情愿当起了岛上的"花农"。

如今，在他的种植园，数十万株、

200多个品种的月季花长势茂盛，红、黄、粉、白甚至渐变等各种颜色应有尽有。特别是"树状月季""古桩月季"，通过嫁接技术造就了"树月"的奇观，吸引了沪通等地众多游客来访，进一步扮靓了这座生态"花岛"。

红色的"菲扇"、粉色的"粉扇"、黄色的"金凤凰"……在种植园，我们看到了几种主打的"树状月季"。它们是由一个直立树干通过扦插、养根、育干、嫁接、修剪、整形等园艺手段，生产出来的一种新型月季类型。一些上了年份的老树根扦插的"老桩月季"，树龄甚至高达百年以上，真正实现了"老树开新花"，具有极高的收藏价值。

清晨的玫瑰庄园，最是好看。正如秦小明所说，在蒙蒙晨雾中看着花朵"沉睡"的样子，感觉仿佛置身仙境一般，连空气里都能闻到花香弥漫的甜味。等到傍晚时分，当花农们都收工回家后，他也喜欢一个人静静地在园子里修剪花枝，全身心地沉浸在与花相伴的美好时光。

初夏时节，在秦小明的种植园内，时常有来自沪通两地的自驾游客来访，他们纷纷拿着相机、手机，对准园内娇艳怒放的各色月季猛拍。

秦小明培育的月季精品

种植园也成为见证爱情的最佳地，无论是年轻的情侣还是银发夫妻，都情不自禁地在这里留下爱的回忆。

在古希腊神话里，玫瑰是凝聚着春季植物之神阿多尼斯的容颜，洋溢着爱神和美神阿芙洛狄忒的血液而变成的。曾在世界各地游历的秦小明，对英国皇家园林的玫瑰园情有独钟，为此，他还专门引进了一批名贵的欧洲月季，希望能够在崇明岛复制一个与英国皇家花园媲美的"玫瑰庄园"。

他向我们描绘了这样一幅蓝图：园内开设"法国区"，种植黄杨和月季，加上罗马柱的装饰，打造贵族式的法国浪漫气息；"英国区"，引入英国皇家月季，营造静谧、美丽的英伦乡村风情；日本区，种植枫树林，与月季搭配，打造清新的日式格调；中国区，建造成别具特色的"闻香阁"，让游客在长廊内边走边闻花香，把清新的水果芳香、高雅上等的茶香等6大月季花香一网打尽。

目前，种植园的特色景区已经初见雏形。傍晚时分，夕阳西下，秦小明和妻子最喜欢坐在园子内闻着花香品茶，将人生的美好定格在心里。

149

沿江渔村,将"渔乐"进行到底

红尘滚滚,何以解忧?现代人工作越是繁忙,寄情江河、向往山水的心就越是迫切。于是,休闲农庄受到越来越多人的欢迎。海门瞄准"崇尚自然、回归田园"的发展目标,成功开发了一批现代农业观光景点,让乡村休闲之旅充满江海风情。位于海门开发区的沿江渔村,是其中较为老牌的一家休闲农庄,2000年11月,由沿江淡水养殖场创建,占地面积1000亩,如今已是江苏省四星级乡村旅游区。

沿江渔村顾名思义就在长江边上。前往沿江渔村的道路并不难走,按照导航指示,从上海路拐至黄浦江路前行,在路边就能看到一个有着仿古建筑外观的大字招牌。这里位于海门区西南首,虽说离闹市不远,却非常僻静清幽。

进入农庄,迎面是一大片水域,远处则是大片的果树,还有不少果子正挂在树梢,随风轻摆,等待成熟。

沿着观光道路前行，可以感受到这里不同的功能分区。这个渔村主打的特色就是渔文化，以水域、水产为资源优势，结合自然生态，把农业与旅游有机结合起来，营造舒适的自然生态环境。在水产品养殖区，名特优鱼虾蟹等无公害水产品养殖是渔村的招牌，如乌青、彩虹鲷、美国鲷鱼、鳜鱼、锦鲤等品种繁多，也为垂钓区提供了优质货源。

垂钓，自古即是风雅之事，"听取一支清瘦竹，秋风江上作渔竿"，那是一种超然物外的境界。

"哇，这条鱼真的大啊！稳住，慢点儿啊，往回收线。"在渔村里垂钓者当中，时常会出现来自上海的游客。一位来自崇明的旅游从业者说，"海门离上海还挺近的，这个渔村就在崇明岛对面江边，朋友们都认这张老牌子。"

每年"五一"和"十一"的时候，是沿江渔村人气最火爆的时段。沿江渔村的一名工作人员介绍，大量游客来自上海，这得益于两地紧邻，这儿成了上海游客短途游的重要选项之一。对于上海人来说，这样的休闲旅游性价比高，相当划算。

一些喜欢垂钓的上海人是这里的"铁粉",钓友相约而来,在这儿吃得好、玩得嗨,形成口口相传效应,又带动了更多的上海朋友过江而来,尽兴而归。

实行长江禁渔之后,你也不必担心"食无鱼",沿江渔村本身就是从养殖业转型的,在这里的鱼塘里,早就繁养了数量众多的鱼虾等水产,完全可以满足舌尖需求。

渔村四周,已建成一片片无公害的经济林果和蔬菜区。游客可以采摘水果和蔬菜,饿了吃吃烧烤,想动手做菜,则可以自己做一顿农家菜。或者来到四面环水、古色古香的水上餐厅,感受长江风情美食。

"这里风光好,空气新鲜,和朋友吃点东西,泡茶聊天,真的很惬意。"一位南通游客这样说。来过的人们,更喜欢的是这里农家生活的悠闲、从容和安静。

153

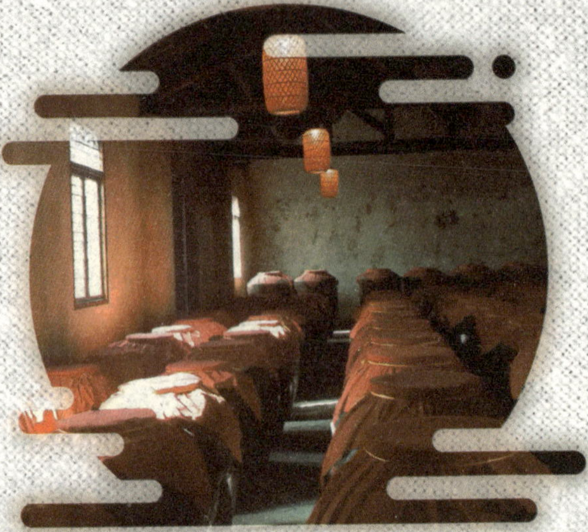

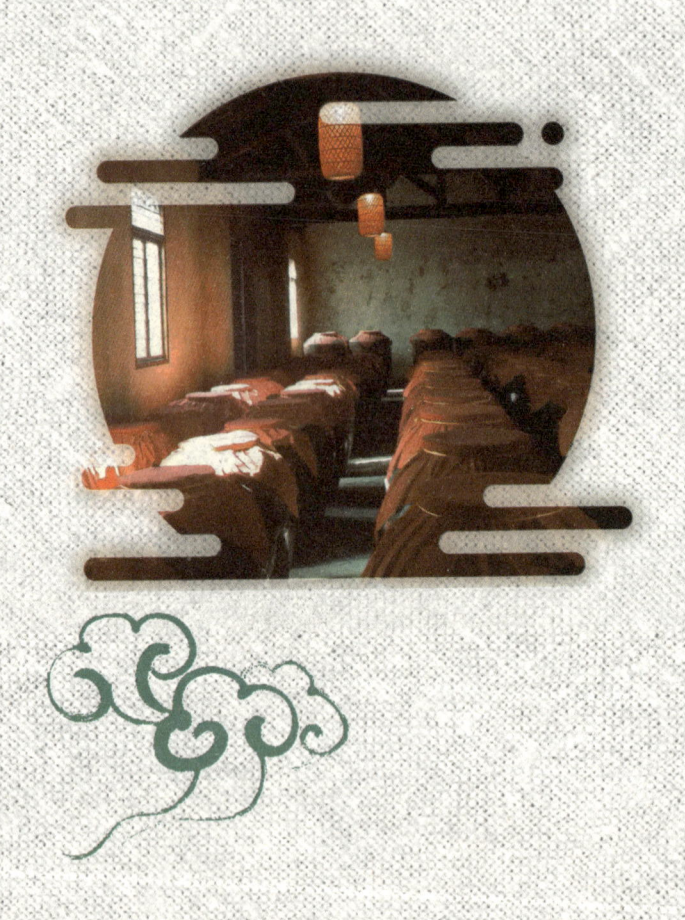

肆

江风海韵
寻觅海门风物之美

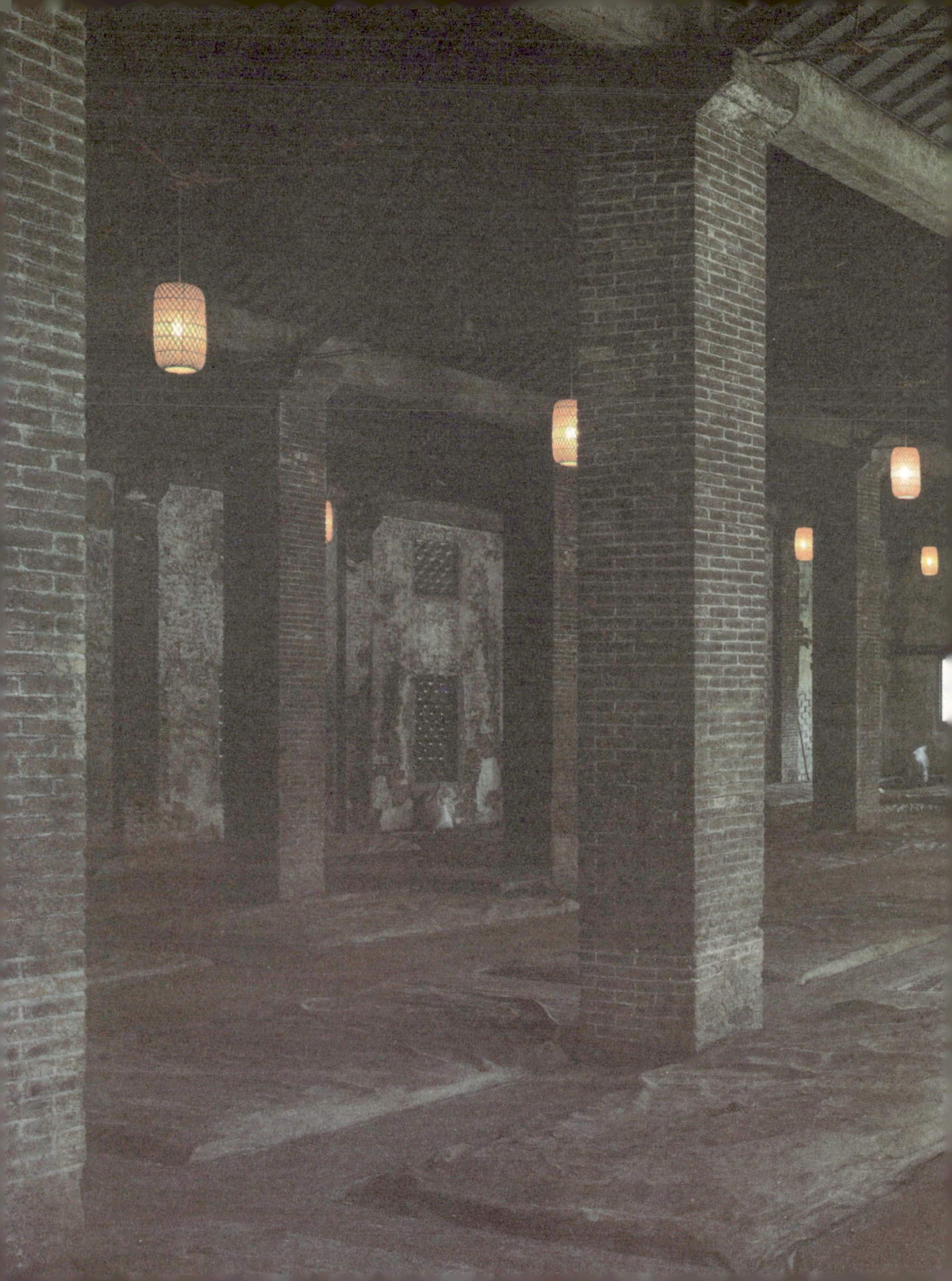

状元家的老窖池，酿出世博金奖第一酒

張謇題寫的廠名

在常乐镇，如果你想去探访颐生文博园是不需要向导的，酒香会给你引路。颐生文博园坐落于百年名企颐生酿造厂内，而这座由清末状元张謇亲手打造的酒厂，其实就建在他们家的老宅范围内。

跨进颐生酿造厂大门，此处传递的文化气息就与一般酒厂有别。大门上的厂名和厂联都是张謇手书的。厂名"颐生"，这二字都出自周易，"颐"是卦象之一，为"贞吉"之意；"生"则来自那句"天地之大德曰生"，与"大生"同为张謇旗下的标志性企业。通俗地看，"颐生"就是颐养生命的意思，昭示了状元办厂酿酒宗旨，是为天下百姓养生。

再看张謇撰写的厂联："有秫足供彭泽酿，如茶能表洞庭香"。上联意思是，通海盛产高粱之类原料，足以酿造陶渊明所喜欢的那种美酒；下联意为，颐生佳酿馥郁芳香，就像洞庭碧螺春茶那样成为行业内的翘楚。

因为是状元公一手所创的颐养佳酿，颐生酒便有了儒商文化和养生文化的内涵。颐生文博园的展厅内，高悬着张謇手书的南宋豪放派诗人刘克庄的佳句"浅倾家酿酒，细读手抄书"，又透露出些许的闲情雅致。

这座花园式酒厂的占地面积380亩，当年张氏所建的住所扶海垞、张氏家庙、义庄、张氏私立初等小学、张徐私立女子小学等，都在厂区范围内。经过精心修复改造，在2017年11月8日举行的第四届中国海门张謇文化艺术周开幕式上，颐生文博园举行开园仪式。

七底木楼扶海垞的东端是颐生酒文化博物馆。馆内展出清末民初时期的数百件珍贵文物及传统酿酒工具，系统翔实地展示了颐生百年历史，是了解颐生酒文化的重要窗口。

酿造厂投产伊始，张謇多次派员去本省的洋河、高沟，山东牛庄，山西汾水等地的著名酒厂登门取经，并聘请瞿逸仙、张希贤等国内一流制酒高手到厂把关。厂里早年产品以茵陈酒最负盛名,它在以本地高粱、玉米、小麦为主要原料吊的曲酒里,加入四川的茵陈草,广东的陈皮、佛手等多种药草的浸出液,和适量绵白糖,经长期窖藏,精心泡制而成。当时颐生酿造厂有船牌和球牌两种驰名商标。因其工艺独特,醇和爽口,在国内享有很高的声誉。

光绪三十二年(1906年),意大利米兰举办万国博览会,清政府应邀参加。在这次博览会上,颐生茵陈酒凭借"养生滋补,药食同源"的中医文化和中国传统白酒酿造工艺的完美结合,一举获得金奖。**这是中华酒业史上第一枚国际金奖,比茅台酒获金奖要早9年,从此,这壶老酒蜚声海内外。**时至当代,曾经担任全国白酒评委专家组组长的沈怡芳,与茅台酒厂原厂长、南通人季克良对颐生茵陈酒进行评品,一致认为:颐生茵陈酒酒色金黄,清纯晶莹,在处理中药味上的高超技术独树一帜,粮食酒酒香与中药香味浑为一体,不仅完全没有一般中药补酒的异味,反而更加甘醇爽口,独具甜、绵、软、净、香之口感性。

到酒厂想喝酒,颐生酒体验馆可以让你现场过把瘾。展区陈列了建厂以来数以百计的产品,林林总总,穿越时空。在体验区,有专业品酒师为游客讲解普及酒文化知识和品酒技巧。游客可以自选品鉴金奖颐生系列的茵陈酒、金波玉液,还有米白酒、黄酒等。

颐生酒在米兰万国博览会上荣获金奖的证书

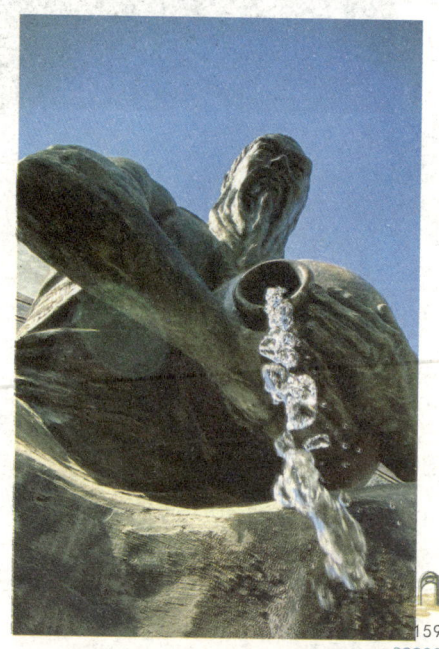

在这里，你也可以根据个人口味，在专业调酒师的指导下，调制一款专属于自己的佳酿，再到陶艺馆选购或者亲手制作一个酒瓶，封存一壶好酒，作为参观游览颐生酿酒厂的独特纪念品。

这般美酒是怎样酿造出来的呢？在颐生文博园里，以百年老窖池为核心的酿造技艺展示馆可满足大家的好奇心。在这个大约800平方米的场地，可以领略颐生酒的主要酿造流程。如果正值出甑之时，温暖、湿润的乳白色气体如云似雾，上下翻滚，那些酒分子肆无忌惮地麻醉你的神经，你会不由自主地陶醉其中……酒仙施法就是如此的温柔而霸气。现场最引人注目的莫过于巨大的酒甑和一排排窖池了。先前的蒸汽是从这口木制酒甑里释放出来的。

据厂里的总工程师吴明介绍，这口酒甑的直径大约2.2米，一次投入酒醅二吨左右，甑盖由专用吊车启动。酒甑里蒸馏的酒醅是用高粱、大米、小麦、糯米、玉米五种粮食为原料，经粉碎后拌入曲药，在泥窖中自然发酵70天左右，然后放到酒甑里高温蒸馏。当甑里温度达到酒精及香气成分汽化点的时候，醅中蕴含的酒精及香气成分被汽化，进入锡床（冷凝器）冷却后，流进接酒桶，这是高纯度酒液。

爱酒者也可在现场用小勺品一下新酒，那浓郁热辣的"原泡子"如同一团烈焰，穿过喉咙，直达胃肠。这酒大约七十度，喝多会伤身。原酒需储存数年后勾兑成成品酒上市。

这些老窖池都是建厂就有了，连续使用至今一百多年，在国内极为罕见。颐生酒传统的酿酒工艺，被认定为江苏省非物质文化遗产，颐生酒业也入选"中华老字号"。2010年上海世博会期间，颐生酒因其与世博的渊源备受重视，是江苏馆唯一一家受邀参展的酒类企业。在颐生零距离观摩传统酿造技艺，实在是一件幸运的事情。

颐生文博园开设了陶艺馆，这和张謇先生十分重视国粹陶瓷的保护和传承有关。1909年，张謇等人与江西官方合营江西瓷业公司。1910年又在饶州设立的分厂内，创办中国陶业学堂，这所学堂是中国历史上第一所陶瓷专业学校，即现在国内唯一的一所陶瓷专业学校——景德镇陶瓷大学的前身。颐生的陶艺馆，大约有450平方米，集陶瓷艺术DIY体验、陶瓷文化欣赏、陶瓷产品销售为一体，游客可以充分感受陶瓷文化的乐趣。

颐生文博园的北部是一片132亩的中药材种植园，种植的品种主要是颐生茵陈酒里所用的药材，可以让游客直观地认识这些中药材及其养生功效。常乐镇每年都会举行元宵灯会，整个园区张灯结彩，游人如织，种植园是元宵灯会的主阵地，这里挂满了五颜六色的花灯，欢迎远近嘉宾来此同乐。

颐生文博园近旁的謇里小镇建设已经正式启动。待到小镇建成迎客时，让我们选个中意的酒馆，点几碟海门小菜，沽一壶颐生老酒，浅饮慢酌，细细品味，不亦乐乎！

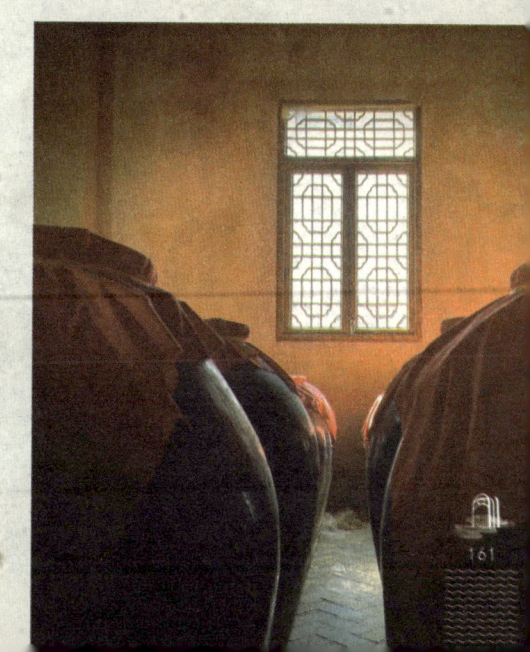

中国叠石桥国际家纺城

CHINA DIESHIQIAO INTERNATIONAL HOME TEXTILE

走进叠石桥，赴一场世界家纺的 嘉年华

叠石桥，一个与海门紧密连接在一起的名字。银针穿梭，织就经济动脉，彩线纵横，点染世界版图。海门叠石桥，已经成为家纺业的一个代名词。

叠石桥国际家纺城，国家AAAA级旅游景区，这里云集了3000多家家纺生产企业，1万间家纺店铺。10万余人直接从事家纺及相关产品销售，日均人流量超过5万人次，线上线下年交易额突破2000亿元人民币。

这里是中国国家级贸易改革试点区，"买全球、卖全球"是她的美丽名片，中国50%的纺织品交易在此产生。这里是中国家纺产品集散中心、世界上最大的家纺专业市场，被誉为"中国的法兰克福"。

走进叠石桥，你犹如参加一场世界家纺的嘉年华。转上半天，你在对这个家纺之都、时尚之城、旅游胜地、购物天堂有了进一步了解的同时，你的手里多半会拎满各种时尚而实惠的家纺用品。

叠石桥当初确实是一座桥。清朝末年，海门三星镇与通州川港镇的交界河上，当地人集资建了一座石桥，其桥墩用小石条井字型叠起，造型别致，故名叠石桥。

叠石桥的故事由此开始，海门家纺走向世界的进程，也是从这座小小的石桥起步。

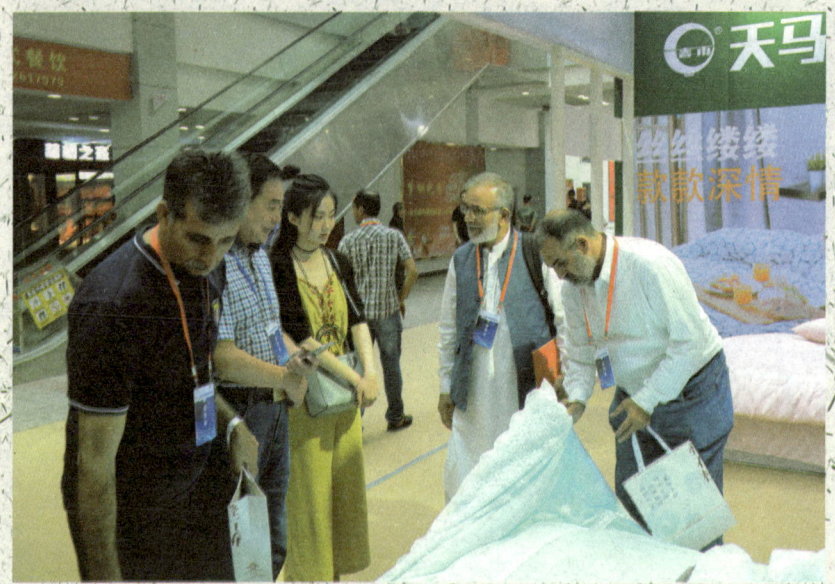

叠石桥家纺产品吸引众多外商进场交易

　　一代布商之王沈敬夫（1841年—1911年），就出生在叠石桥沟西姜灶港，曾是海门贡生。张謇在创办大生纱厂的过程中，为筹集资金曾走投无路，在上海"每夕相与徘徊于大马路泥城桥电光之下，仰天俯地，一筹莫展"。

　　当时已是南通最大布业巨商的沈敬夫，在张謇最困难的时候施以援手，把自己布庄的资金全部接济了大生纱厂，又以布庄的名义向上海和南通钱庄透支巨款，转借给大生周转。张謇谈起创业的艰辛，认为最得力的助手是"一友一兄两弟子"，这"一友"就是沈敬夫。沈敬夫在布业经营方面的成功，带动了家乡叠石桥家纺产业的兴起。

　　1956年开始，叠石桥一带开始形成农工副产品的集散地。由于这里处于两地交界，在"割资本主义尾巴"的年代里，叠石桥成了农民进行商品交换的"避风港"。这个在夹缝中得以生存的市场，其中刺绣、枕头、被罩等买卖数量继续增多，有了今天家纺市场的雏形。

　　党的十一届三中全会以后，大批能工巧匠和经营能手得到了党和政府的支持，冲破了精神枷锁，放开手脚发展家纺业。当年女工传习所的沈绣传人，也在叠石桥带出了一大批的现代绣娘，推动了绣品市场的繁兴。

1982年12月，叠石桥市场成立。从此，叠石桥家纺产业走上了健康发展的轨道。经过几十年的不懈努力，叠石桥家纺业接轨世界经济的步伐大大加快。改革开放前，叠石桥连接的是乡村小道，如今，叠石桥连接的是通衢大道、世纪大桥、国际大港。2006年10月，经省人民政府批准，三星工业园区已命名为省级海门工业园区，同时，叠石桥成为中国家纺流行趋势推广基地。

2015年，叠石桥国际家纺城被国务院批准为市场采购贸易方式试点单位。在"一带一路"倡议的开拓践行中，叠石桥成为欧亚贸易商寻求新伙伴、开辟新通道、拓展新空间的理想之地。"一带一路进出口商品交易会"和"世界家纺博览会"的成功举办，表明叠石桥人穿越地域和语言的障碍，将视野投射到了地球村的每一处。昔日的开放之桥、财富之桥，成为连接"一带一路"的"丝路金桥"。

叠石桥国际家纺城于2012年10月成为国家AAAA级旅游景区，2016年获评"江苏省购物旅游诚信街区"。叠石桥家纺文化历史悠久、源远流长、特色鲜明，与叠石桥家纺相关联的四大名人(清末状元张謇、刺绣大师沈寿、布艺巨商祝敬夫和著名画家王个簃)以及相关产业名人故居古迹，是家纺文化旅游特色内涵之一。与此同时，备受广大游客青睐的特色家纺购物旅游，成为其他旅游景区不可复制的独特资源。通过现代旅游业的促进和带动，借助口碑相传的模式持续提升，叠石桥景区涵盖餐饮、休闲、娱乐等现代服务业的商圈迅速发展，吸引团队游客前来购物旅游。

这里景明水秀，是宜居的生态小镇；这里风云际会，是宜业的创造平台；这里古镇风致，是宜游的人文福地。这里是叠石桥，一个让你流连忘返、收获满满的地方。

孩子们表演《绣之韵》

海门土布：
黄道婆绝技的最后遗馨

　　宋末元初，松江乌泥泾黄道婆革新发明了手工织布工艺，成为中国纺织之母，"乌泥泾布，衣被天下"。以黄道婆为代表的江南纺织技术早就传至一江之隔的南通和海门。至清康熙年间，海门故地不断涨沙，再度浮出水面，崇明、松江等大批江南移民跨江到海门垦荒，黄道婆的纺织工艺从此扎根于此。

　　这里我们又要讲到来自崇明的"先畲"陈朝玉。当年他带着妻子到海门三角沙来开垦时，挑着农具与纺车，男耕女织，植棉纺纱。这批江南移民又西进近百里，将纺织工艺传遍了海门。清代《乾隆通州志》记载海门一带的居民："沿江居，善种田，所为布者颇粗，然紧密耐着。"

　　近代以来外敌入侵，上海开埠，受洋

纱、洋布、洋厂冲击，江南土布日衰消亡，而海门状元张謇大办纱厂，广植棉花，在沿海扶持土织掀起高潮，由此海门成了黄道婆土布工艺的最后根据地。在海门土布领域，出现了3位非遗传承人。由于海门与南通两地毗连，民间习俗相似，工艺相通，因此海门的土布技艺被归到南通色织土布中，又称"通海布艺"。

海门曾家家纺纱，户户织布，个个集镇有布庄。海门土布一度畅销国内外，大量销往东三省，称为"关庄布"。海门的娘子人人会纺织，人们以"一瓢棉花能做到头"为标准，来衡量妇女聪明才智，从一朵棉花开始，最终成为身上衣物。拿什么布样她们都能织出来，见什么实物都能织上布。

海门土布的种类繁多，有斜纹布、灯芯呢、线毯布、平板布、十字布、口字布、喜字布、百字布、条子布、格子布、竹节布、苍蝇脚布、蛇鳞布、芦菲花、皮球花布、蓝印花布等20个大类，每类有几十、几百种花色。其中，近年来受到热捧的芦菲花布就有351种，已搜集装订成册的就有1300种，可谓百花齐放，琳琅满目。

传统的土布技艺吸引了众多游客

在外地,凡见有芦菲花布者,肯定是与海门人有关,可见海门土布流传之广,地域特征之显。如果你想多了解一些这方面的知识,可以翻翻《海门土布大观》《海门土布织谱》,了解一下海门土布的前世今生及织造工艺。

为了传承古老的土布制作技艺,2015年,海门色织土布制作工艺传习所和土布艺术馆成立。走进土布馆,不同工具的布机,不同花纹的布样,不同工艺的织法,现场为游客展示土布的织法。全能织女在老布机上,以4综4蹑、8综8蹑、9综4蹑研发创新,可以织出独特的书法字布和图画布。

这里集中展示了全国各族10种土布,收藏着价值30万元的数千段土布。土布洋做,老布新做,粗布细做,传统的土布工艺重放异彩,开发制作成海门土布成衣、厢包、玩具、床上用品等,成为人气旅游纪念品。

经过当代设计师的妙手生花,海门土布不但不显老气,反而在新时代成为"潮品"。海门家庭有孩子出国留学,家中常会定制一件海门土布上装,希望孩子"穿上土布衣,不忘家乡情,学成报祖国。"

还有一位央视导演来海门摄制土布片子,自己也爱上了芦菲花布衣,穿着回北京却被朋友相中,只得打电话再来购制。一件土布衣,穿出网红味。

古老的海门土布已融入现代生活

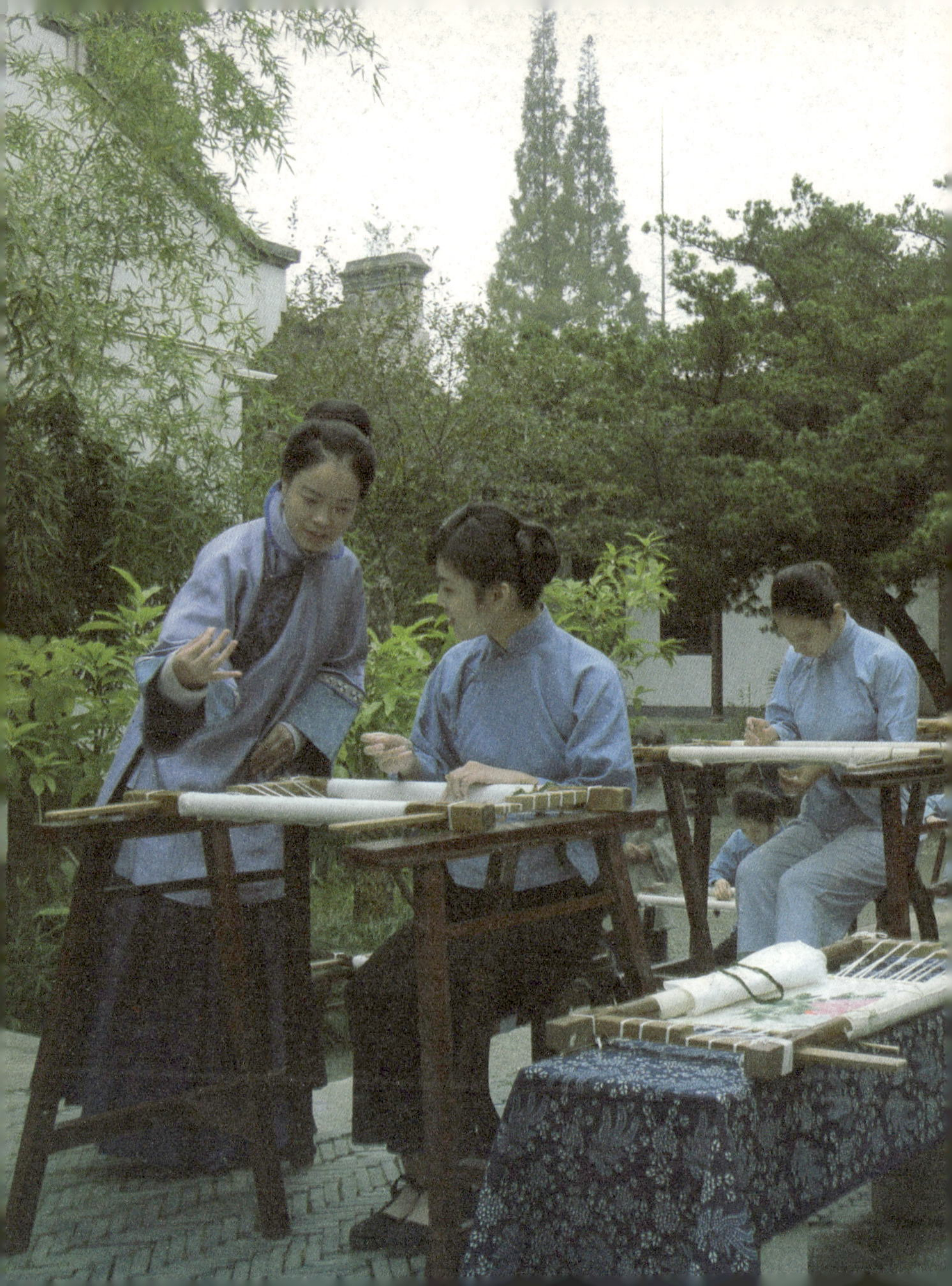

沈绣：
一代针神传奇在指尖流传

沈绣，由近代刺绣大师沈寿女士所开创，源于苏绣，而高于苏绣。

沈寿原名沈云芝，号雪宧，出生于苏州吴县，十六七岁时已成为驰名苏州的刺绣高手。1903年，著名学者俞樾在她的绣品上题下"针神"二字。1904年，沈寿绣了佛像等八幅作品，进献清廷为慈禧太后祝寿。慈禧极为满意，赐"寿"字，遂易名沈寿。同年，沈寿受清朝政府委派远赴日本考察刺绣和绘画艺术，回国后被朝廷任命为农工商部绣工科总教习。沈寿受西洋油画和摄影艺术启发，独创的仿真绣，被称为"沈绣"，在中国近代刺绣史上开拓了一代新风。沈绣的最大特色是突破了传统刺绣的局限，在光影、明暗、立体感上充分体现出神韵。

辛亥革命后，绣工科停办。沈寿几乎在同一时间内收到两份聘书。一份来自四川，工资参照清廷原标准，每月白银二百两；另一份来自江北南通，是状元实业家张謇邀请，大概民企的薪资标准较低，仅开出每月五十两的薪酬。沈寿毫不犹豫地选择了南通。

沈寿传授、张謇笔录的《雪宦绣谱》

因为她觉得"南通事业教育有方兴之气",而她更钦佩"先生则平日信为可持之人",故来。

1914年,沈寿任南通女红传习所所长,她的大姊沈立及侄女沈粹缜一并前来任教。沈寿亲培了近百名一、二代南通沈绣传人。她的作品《耶稣像》于1915年巴拿马世界博览会参展获得金奖,《意大利皇后像》被作为国礼赠予意国皇家获得勋章。沈寿被誉为"世界美术家"。

《女优倍克像》是沈寿最后的杰作,展出后轰动纽约。倍克愿出500美元购买,沈寿并未割爱。由于积劳成疾,年仅48岁的沈寿于1921年辞世,被安葬于南通长江边的马鞍山麓。

斯人已去,所幸留下一册绣谱。那是沈寿借住谦亭养病时,应张謇之请,回忆刺绣的方法与经验,由张謇笔录而成《雪宦绣谱》,1919年由南通翰墨林书局出版。《雪宦绣谱》是中国工艺美术史上第一部刺绣理论与实务相结合的专著,张謇先生此举,为后世抢救了一份珍贵的文化遗产。

新中国成立后,沈绣一、二代传人在南通工艺美术研究所培育了第三代传人,其中包括海门的徐兰珍、管庆芳等。上世纪70年代末,第三代沈绣传人徐兰珍奉命回家乡,在海门天补合兴村传授绣艺,兴办绣厂,培育了周武珍等第四代沈绣传人200多名,产品外销日本,引起轰动。

海门叠石桥,是全国最大的绣品家纺之都,当年纺工之父张謇、布商之王沈敬夫在此奠定了家纺文化根基。在272名沈绣第四代传人的直接带动下,一批批绣娘将沈绣艺术发扬光大,使之成为海门一张亮丽的文化品牌。

2008年,沈寿创立的仿真绣,被列入国家级第二批非物质文化遗产名录。就在这一年,海门沈绣艺术研究会成立。2013年,海门沈绣传承发展中心在凯利绣品公司挂牌,将海门沈绣艺术推向新的高度。十余年来,海门沈绣参加上海世博会等国内外数十次展览,获得金奖、迎春花奖等花奖等 50 余个奖项。沈绣作品被政府作为国礼赠以多国元首政要和经济要人,成为友谊合作的桥梁。

走进叠石桥家纺城沈寿园,花木丛中,沈寿艺术之路壁雕熠熠生辉。在沈绣传承发展中心,大厅四壁及视屏为你介绍着沈绣的前世今生,沈绣工场内绣女们正在埋头刺绣,让你现场见证沈绣艺术的神奇。

在叠石桥家纺小镇的规划中,小镇客厅绣娘湾是其中的核心,环绕着一湖碧水,绣娘街、绣娘传习学校、沈寿广场等景点将呈现在游客面前。我们期待着一幅幅如画美景的再现,就像一首《沈绣谣》所唱的:"山也妩媚,水也温柔,人也风流,莫辜负那锦绣神州。"

> **TIPS 沈绣之精妙**
>
> ★在绣制人物时,通常把一根丝线劈成两股,再把一股线分成8丝,还要把一丝分成几毫。在人物脸部和手足部,打底通常是3丝,中间两丝,上面用一丝来调,颜色不到位再用一毫来调和。层层叠叠,重叠加色,越到上面用线越细,最细的就是一根丝线的1/160了。按照光线变化规律,一针一线自由重叠,这样完成一幅人物肖像刺绣,足足要用30多层来绣制。

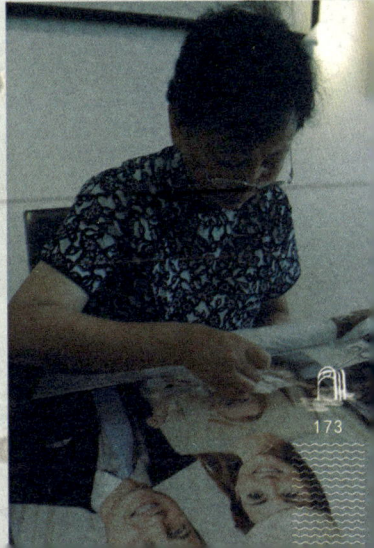

海门红木，三百年雕琢出一匹麒麟

麒麟红木产业是海门区常乐镇的一大特色品牌产业，形成了苏中苏北地区规模最大的红木制品生产经营集散地。依托红木文玩、家具、装饰这个规模巨大的产业，麒麟红木城驰名遐迩，成为海门一个重要的文旅景点。麒麟红木城所在地，获得了中国红木雕刻艺术之乡、中国红木文玩产业基地、江苏省民间艺术（木雕）之乡、南通市红木文化产业示范园区等诸多荣誉。

如果要问麒麟红木产业的起源，有一段传奇故事在当地已经流传了300年。

话说18世纪，长江口北翼新涨沙成陆。1777年，崇明人士沈廷榆（1741-1813，字大成，号省斋）来海门东小沙垦荒定居。沈大成斥资开垡建镇，宅名东隅坊，整个宅院形成七进十八园格局，与河东的沈家镇街市连成一片。沈氏先辈从事海外贸易，船队常常往返于东南亚各国，带出去的是丝绸瓷器，带回国的是夷方珍宝，用当地出产的分量重、密度大的大乔木压舱。红木现在稀有，而那时在沈家却是平常之物。当时的海门，全部用红木装潢住宅的，仅有东隅坊一家，雕梁画栋，惊艳一方。

常言道，树大招风。东隅坊大兴土木，祸起萧墙。一天，江苏巡抚衙门有一道奏疏递达京城军机处，奏称接扬州府吕四场彭际泰举报：崇明生员沈廷榆在海门"开战河，设龙廷，图谋不轨。"这可是灭门之罪啊！据说这个奏折惊动了乾隆皇帝，即令军机处拟旨，着江苏巡抚和崇明水师提

督衙门,协同朝廷钦差大臣查办。

沈氏在京的族人十万火急传信东隅坊,全家老少如遇晴天霹雳。沈大成慎重思索噩运根源和应对之策,他从"开战河、设龙廷"等罪名中悟出了祸根:沈宅西侧和北面开凿的九曲河环绕,人们叫它"转河",与"战河"音近。沈家在新建的街市东端,筑了一座亭子,亭中供奉龙王爷,意在祈求风调雨顺,"龙亭"与"龙廷"音同。沈大成当机立断,连夜派人拆除亭子里的龙王塑像,在家里挑选一对红木雕刻的麒麟置于亭中。

不久,钦差大臣微服私访东隅坊,只见街市上首建有一亭,亭中一对麒麟金碧辉煌,亭柱上刻有一联:"麒麟降祥瑞,众生享清福"。麒麟是传说中的神兽,历来被视为吉祥之物。钦差围绕亭子转了一圈,对"清福"两字留下很深的印象,在清朝的臣子心目中,"清"字的分量最重。钦差一行发现宅上不少地方置有姿态各异的红木麒麟,成对成双,设计细腻,雕刻精致,形态逼真,神情祥和。如此精妙的雕刻和布局,不可能是临时布置的。大臣们觉得只有忠贞臣民才有这等境界,认为东隅坊是乾隆盛世沙地民居的典范,沈家不可能是反贼,于是欣然返回复旨。其实,这些红木麒麟是沈大成从崇明老宅紧急调运来的。他的父辈嘉字,兄弟四人的名字列为"麒、麟、祥、瑞",他们笃信麒麟会带来好运,所以崇明老宅上有很多用老红木雕成的一对对形象逼真的麒麟。而钦差大臣们觉得,沈大成是为赞美太平盛世而为。

钦差回京把实地侦查的所见所闻如实禀奏,乾隆听说新开发的海门沙地有如此兴旺景象,十分欢喜,于是,下旨在东小沙赐建牌坊一座,褒扬黄氏教子有方。

《沈氏宗谱》沈嘉瑞的小传中有此印证："嘉瑞，字芝山，室黄氏，守节，奉旨建坊旌表"云云。乾隆还赐东隅坊宫灯八只，褒奖沈廷楹造镇便民，为沈氏所建的沈家镇赐名麒麟镇。

有了这番戏剧性的变故，到东隅坊造访的客人车水马龙，络绎不绝。东隅坊的红木麒麟、御赐宫灯，成了被争相瞻仰赞不绝口的宝物。沈家的红木装饰也给海门地方的民居装修起到强劲的引领示范作用，不仅传播了红木文化，还为麒麟镇造就了一批红木工匠。

近代百年，海门沙地在开垦开发过程中，出现了沙倪施沈四大家。他们受麒麟镇东隅坊崇尚红木艺术的影响，纷纷效仿，大肆采购红木原料，打制家具、装饰住宅，形成红木工艺的小气候，影响着海门人的生活。客厅、书房的红木装潢，和成套红木嫁妆的打造，逐渐形成了海门红木制品的蓝本，也成就了海门雕匠的高超手艺。

在通海，状元张謇是人人敬重的人物，他也十分推崇红木文化工艺。

177

张謇先生的独子张孝若在其所著的《南通张季直先生传记》中说："我父对中国雕刻塑像的工艺，也十分的爱惜提倡。十余年来，他曾经到各处访问，聘请了几位很有名的人，到南通贫民工场来传授工徒，分雕刻和塑像二类，很想求得许多人才，精进无已……"张謇弟兄的住宅扶海垞、濠南别业、城南别业，还有当年南通地方一批民国风的楼堂馆所，不少就是用麒麟红木雕刻匠工的作品装饰，为"近代中国第一城"增色不少。

1979年，麒麟地方政府乘改革开放的春风，组织当地工匠，创办红木雕刻厂，并成功接轨外贸机构，成了江苏省外贸工艺品进出口公司红木工艺品定点厂家。他们立足市场，年年参加春秋两季广交会及红木工艺品出样订货会，广泛搜集行业信息，获取新工艺、新技术。麒麟红木雕刻工艺厂的800多位员工，很快成为业内一支能征善战的劲旅。

随着市场经济体制的不断发展，当年红木雕刻厂的员工，纷纷下海试水，成为今天大大小小红木企业老板。位于长久公路和正麒公路交会处的麒麟红木城，聚集了200多家红木商家。每个店家都有宽敞的产品展示店堂，红木家具、红木工艺品琳琅满目。几乎所有的店家都在附近或者老宅有一个制作工场或家庭作坊，打破了原先海门手工生意人前店面后作坊的小格局，形成了一个背靠强大产业基础的红木家具、工艺品市场。

目前，常乐镇红木雕刻企业与个体小

作坊已经接近700家,从业人员4000人左右,年创销售收入10多亿元,其中年销售收入超千万元的红木雕刻企业达20多家。

以前称红木雕刻艺人为杆花板的小匠师傅,如今已成非遗工艺继承人。他们的作品以独特的构思、新颖的手法、精湛的雕艺,让人心悦诚服。麒麟红木艺人的作品多次在国内行业博览会上获奖,如《黄花梨福禄双全树雕》《镶嵌多宝阁》《观音》《姜太公钓鱼》《十全十美多宝阁》《龙舟》等,都称得上红木艺术品中的上乘之作……如果到麒麟红木文化艺术馆走一走,游客可以看到更多的红木经典作品。

TIPS 麒麟红木文化艺术馆

★坐落于麒麟红木城内,由海门郁氏文化研究院成员郁培良联合常乐镇政府创办。艺术馆共有五层。中式门楼古朴典雅、庄重大气。走进艺术馆大门正厅,映入眼帘的"群仙祝寿紫檀大地屏",获得中华文化促进会、中国非物质文化组织颁发的非遗传承奖和最具收藏价值奖。大厅中央摆放的"特大型紫檀龙舟",长672厘米,宽85厘米,刻有九条龙,以及黄鹤楼、滕王阁、岳阳楼、南京大报恩寺等名胜,被收录进世界吉尼斯纪录。

"宝葫芦"的秘密：从地摊走向大雅之堂

葫芦本是田园寻常之物，音同"福禄"，在中华传统文化中被奉作吉祥物。一只普通的葫芦，经过一把刻刀在上面笔走龙蛇，就蜕变为值得收藏的工艺品"宝葫芦"。这个神奇的"葫芦艺术家"，就是来自海门工业园区大石村的民间工艺美术家陈宝龙。

陈宝龙的葫芦缘是从摆地摊开始的。1975年暑假，身为民办教师的陈宝龙在上海市郊摆地摊卖葫芦，为的是在那个物质贫乏的年代里贴补一点家用。有艺术品位的上海人在他的葫芦摊边上议论，要是画点东西在上面，这葫芦就不一样了。说者无心，老陈的灵感却在瞬间被点燃。自幼酷爱美术的他，回去就开始在葫芦上"变戏法"了。

他潜心研究，在葫芦上刻画出栩栩如生的十二生肖，惟妙惟肖地雕刻"观音送子""黛玉葬花""孙悟空三打白骨精""钟馗捉鬼"等彩绘故事。这些"宝葫芦"一下子就吸引了眼球，成了市场上的抢手货，并从路边地摊走进大雅之堂，成为多次在国内外展出的工艺名品。

如果说，以前从事葫芦工艺研究对陈宝龙来说是一种爱好的话，那么从海门天补中学美术教师岗位退休后，它就成了老先生的专职事业。他的葫芦艺术品制作工艺愈加精进，通过画、雕、烙、漆等不同方式，让一件件精美的"宝葫芦"呈现眼前。

要真正制成"宝葫芦",也不是一蹴而就的,须经过选材、切割、镶拼、移接、组合、粘贴和打磨、绘画、涂漆、装饰等少则十几道、多则几十道工序。陈宝龙还根据形状各异的葫芦进行特殊加工——通过切割和拼接等方式,别出心裁地制成雅俗共赏的仁和塔、香炉鼎等,堪称巧夺天工。

1995年,联合国教科文组织授予陈宝龙"民间工艺美术家"称号。1999年,陈宝龙利用天然生长的葫芦,创作了两只世纪宝鼎,象征太平盛世、国泰民安,这两只鼎被北京民族文化宫收藏。2010年陈宝龙又创作了一只世博宝鼎,在上海世博会会场展出。他有300多件作品被各地博物馆及藏家收藏。在南通,不少人都认识这位潜心钻研葫芦艺术的"葫芦王"。

为了更好展示和传承"宝葫芦"文化,陈宝龙在自己的家中,将小楼底层100平方米的大厅改造成"宝葫芦艺术馆"。馆内陈列着200多件葫芦艺术精品;陈宝龙说,"非遗项目必须传承授徒。只要有人参观,一定热情教人。"每逢有人前来参观,他就现场操作给观众看。他还担任着校外辅导员,为前来参观的中小学生热情讲解葫芦文化。2019年11月,海门举办首届江海文化旅游节,陈宝龙应邀做了一场"宝葫芦的历史文化"知识讲座,受到市民的普遍好评。

已迈入耄耋之年的陈老,最大的心愿就是让自己一手创出的"宝葫芦",能够像传家宝一样,传递到下一代的手中。

海门方言：
当吴侬软语遇到通东土话

来到海门的外来客人，或者在海门之外的地方听到过海门人之间的会话，很容易发现海门有两种差异较大的语言。

海门南部地区的语言，被称为"沙地话"，又与相邻的启东一带的语言一起被称为"启海话"，属于吴方言太湖片苏沪嘉小片。这种方言语调平和、语速适中，有些低吟浅唱的感觉，故被称作"吴侬软语"，发音与苏州、上海一带相近，与江南地区的朋友可以无缝对接、无障碍沟通。海门的沙地话主要通行于海界河以南地区，在海界河之北，也有一片沙地人分布区。

沙地话是18世纪开始过江来海门开辟沙地的崇明人带来的，以这种方言为母语的人，被认为是江南移民的后裔。作为行政机构的海门县始建于958年，在14—16世纪江北三角洲沿江沿海土地坍没严重，县制曾于1672年—1767年间被裁撤，仅存的北部片小土地并入通州。1768年重新设立县制(时称"海门直隶厅")，"海门"名称依旧但土地人民已经不同，土地为江口新涨沙地，人民为以崇明人为主的各地移民，被叫作沙地人，所用语言就是崇明话，被南通人叫作沙地话，就是新海门话。

海门中部和北部地区居民的方言，与沙地话显著不同，习称"江北话"或"通东话"。使用通东话的人，启东、海门、通州等地均有，沿着通吕运河呈条状分布。海门的通东话，以四甲较为典型，又被称为"四甲方言"，有人叫它"北沙话"、"老土话"。

在沙地移民到来之前，南通东部这片江口之地早在唐代就有人定居垦殖，海门县设立后就成了最早的海门土著，今启东市吕四镇就是古海门辖地。后来海门县境土地大片坍水，吕四一带土地始终稳定，因此保存了古海门县的人民和文化。今海门中北部四甲、余东、正余、包场诸镇与吕四是同一文化区，被沙地人习惯叫作"江北人"。他们所用的"江北话"，其实是古海门话。"江北"所指太泛，而且沙地人本身也在江北，显然不确，不如"通东"的含义准确。通东人祖先也来自江南，大概是常州一带，因此通东话与沙地话同属吴语太湖片，但差异较大，属于不同的方言小片。通东话属毗陵小片，与沙地话不通。

通州区的金沙话,语言学者认为也是通东话,事实上两者也明显不同。中国各地居民语言的多样复杂,在南通得到充分体现。

史载,通东人来源既有江苏省内江南各地,也有北至山东,南至浙江、福建甚至广东的。也许是移民社会特性之一吧,现在的通东人依然很能入乡随俗,不少人能说两种以上的方言。

通东话中有些特色的东西值得一说。男女婚姻介绍人被叫作"红姨",新郎被叫作"新相公",进洞房叫作"登科"。"相公"一词,在戏曲传统节目中常见,起初是宰相的称呼,宋代开始也称一般贵族男子、秀才,衍化为对男子的敬称。"登科"本指考试通过,是古今学子的梦想,把进洞房称作"登科",是喜悦心情的文雅表达方式,反映了科举文化已经渗透到婚礼习俗中,可见通东文化源远流长。通东话中,去市场叫作"上河"。对名画《清明上河图》名称的众多解读中,只有少数对"上河"一词做了说明,但都不甚贴切。如果用通东话解释,清明上河就是清明赶集,该画的题目与内容完全吻合,十分贴切。通东话流传至今,保存了宋代及以前的文化元素。

与其他许多地方不同,海门的土地和人民,自古以来都在变动中。土地是沧海桑田最显著的见证,居民来自四面八方。他们在长期共同的生产生活中逐渐形成的文化,既有与周边族群的共同性,可以互相交往,又保存了自己的特点,那些特点有的来自远古;有的是吸收外来因素形成的。煮海为盐的通东人,垦沙为田的沙地人,带着各自的语言传承,在海门形成交汇、融合的江海文化。

在海门境内,沙地话、通东话各有特点而和平共处,如同多种生物是地球生机勃勃的根源那样,多样的语言、文化是海门社会活力之源。

TIPS 海门人在微信上
用得最多的100个海门话词汇

最近整理了一点海门话词汇，可能是海门人平时口头最容易用到的，看看是不是很亲切！

★ 哈绳光、西快凸、握空、眼睛杀 fe 杀、康碰头
★ 哈特虎、消地光、污子、乌切灶儿、精擦骨离
★ 精光条消、臭我以ki、你勒吃哈么是、瞎咋来害里、乌特嘻嘻
★ 吃力来、调路头、哎我一遍、嗯要囊拉、狼来西特
★ 嗯勒到哈替、丁宁来、虎拉势、暧闹忙、晨来西特
★ 乌相一面孔、嗯个扎只弄、小更光、沃新来西特、臭切
★ 好个、哈么自、臭耍、哎有挖、嗯好跑了
★ 难过相、天色好来、洛洛洛、 棵棵嗯、哄哄嗯
★ fe 耍面孔、哈握连天、嗯统跑、下下嗯、嗯早点困
★ 嗯凸晓了、蛮莱斯个、饭 fe 尼吃挖、老七老八、荡发荡发
★ 罢祝比比、苏来了、爽气点、卞房小姐、顺只无只
★ 痴头点脑、痴花呀命、搞七粘三、大压麦只、应七八远

海门时间表

- 前天 隔日子
- 昨日头 昨天
- 今天 今朝
- 上半天 上午
- 中午 点心浪
- 下半天 下午
- 明天 明朝

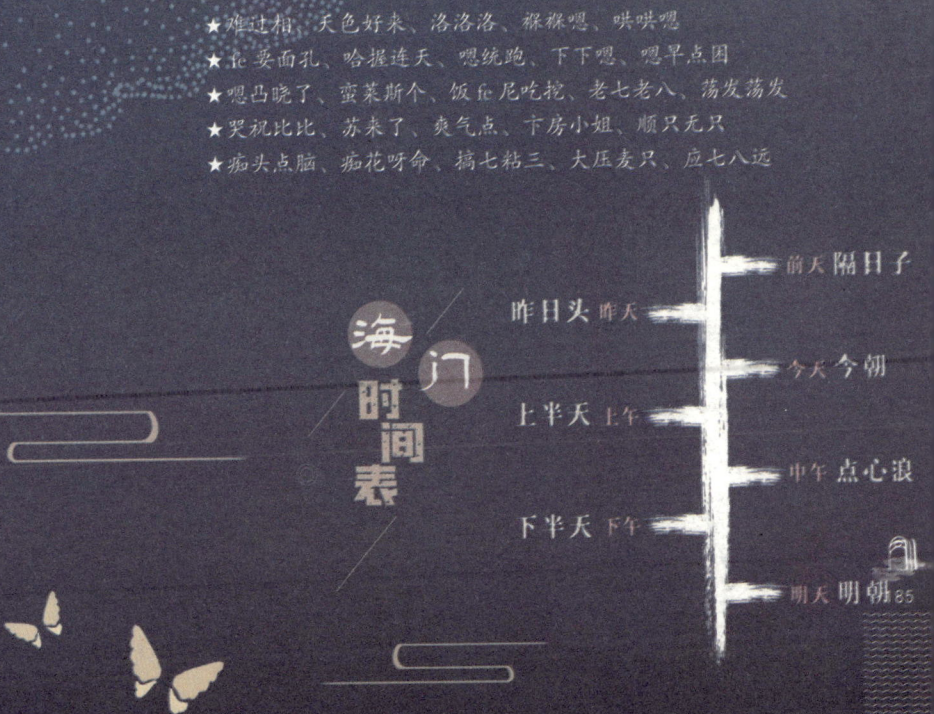

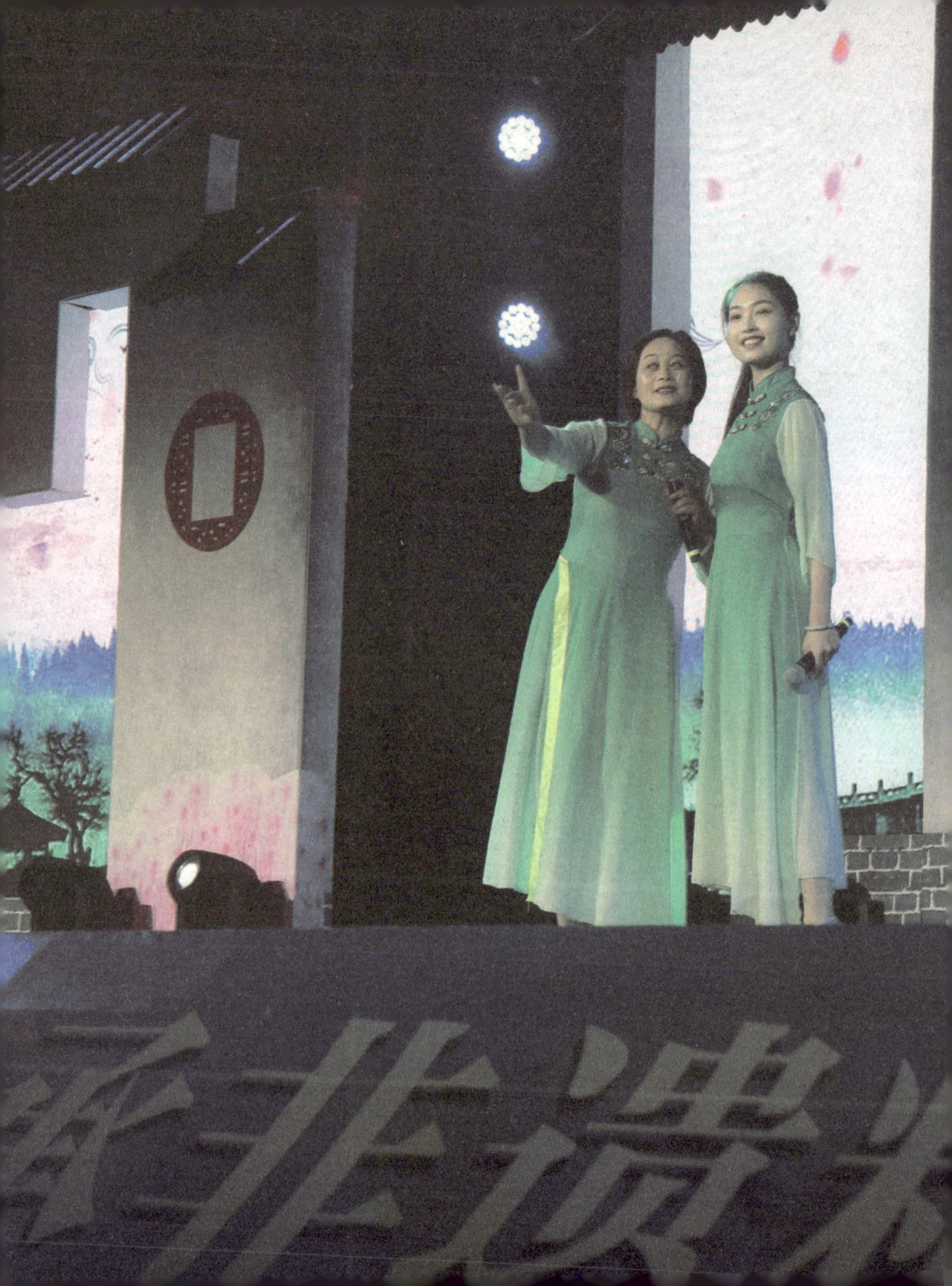

海门山歌,让耳朵听醉的非遗好声音

海门山歌,被誉为"江海平原一枝花",是国家级非物质文化遗产之一。它是流行于海门及邻近启东、通州等地的地方传统音乐,影响力遍及长三角。

有人会问"海门没有山,哪来的山歌?"用一首老牌的海门山歌来回答最合适不过了,"海门地区没有山,没山哪里来山歌?""谁说海门没有山,金山银山千万座,千万座。"

这里的"金山银山"指的是粮食棉花。这歌声,唱出了那个年代精于田耕的海门人的自豪感。山歌的本质,是"山野之歌",是农民在劳动时即兴编唱、抒发情感的田野之声。乡贤张謇的《江云》诗中"布机排屋夕朝响,稻田车水长短歌",描述的就是江海平原男耕女织、山歌传送的场景。

海门山歌的源头在哪里?目前可查最早的记载见于《明嘉靖海门志》,其中有这样的诗句:"山歌悠咽闻清昼,芦笛高低吹暮烟。"不过,随着古海门的沉江,当年的山歌难免湮没。随着清代大批崇明及江南移民踏上海门新涨沙地,他们带来的民歌成为今天海门山歌的雏形。这些来自江南的山歌,是吴歌伸向江北的一个分支。也有专家认为,是古代通东老海门山歌加上新海门的沙地山歌,形成了现在绽放异彩的海门山歌。

"五四"时期,新文化运动影响全国,海门一些知识分子受此时代潮流的影响,开始收集与整理海门山歌。海门文化教育界的老前辈管剑阁先生最早投身于这项工作。1931年,他与同学利用假期,深入乡间田头,采录了大量海门山歌唱词,并精选一百首辑成《江口情歌》出版,让乡俚歌走进了高等学府。

第一部海门山歌剧《淘米记》传唱至今。

新中国成立后,党和政府重视民间文艺的抢救发掘,组织广大文艺工作者开展对海门山歌的收集、整理并组织演唱。1953年,在海门第一次大规模的民间文艺搜集工作热潮中,三厂镇歌手赵树勋首次将叙事山歌《摇船郎》搬上舞台演唱。《摇船郎》后来经过陆行白的改编,发展为第一个山歌小戏《淘米记》。

1956年春节,《淘米记》参加海门文艺汇演引起轰动。接下来一路赴南通,进南京,最终唱响了首都北京的舞台。1957年3月,《淘米记》进京参加全国第二届民间歌舞汇演,受到朱德、周恩来等老一辈党和国家领导人的亲切接见。《淘米记》唱红了沙地人聚居地区,各地剧团纷纷排演,上下百沙,几乎人人会哼唱几句"日出东方白潮潮"。

1958年8月,海门山歌剧团成立。从此,一个新兴的地方剧种诞生在江海平原上。在整个吴语区,由吴歌演变成戏曲并形成剧种的,唯有海门山歌。

"文化大革命"结束后,海门山歌迎来了全新的历史发展时期。1977年,海门山歌剧团首次进入上海市区,讽刺喜剧《枫叶红了的时候》竟然连演了100多场,令人对这个地方小剧团刮目相看。现代戏《俞丽娜之死》为许多省、市剧团移植上演。

1982年春,《小阿姐中摇船郎》参加华东民歌巡回演出。1986年7月,海门山歌剧演员宋卫香带着这首山歌赴京参加汇演。初出茅庐的宋卫香从此担起了振兴海门山歌剧的重任，30多年来，在山歌剧中扮演过50多个不同形象的角色。她先后4次进京演出，从一个青涩的山歌妹成长为造诣深厚的山歌艺术家。

上世纪九十年代，就在人们惊呼"戏曲危机"之时，海门山歌的脚步依旧坚实。1993年5月，《青龙角》应邀晋京演出，成为山歌剧发展的又一里程碑。2002年《献给妈妈的歌》，2017年《亲人》，海门山歌剧几度赴京演出都收获了观众的热烈掌声。2008年6月7日，海门山歌经中华人民共和国国务院批准，列入第二批国家级非物质文化遗产名录，遗产编号Ⅱ—94。

海门山歌唱到今天，可谓"年年月月不绝声"。从2003年起，海门每年举办一届海门山歌会唱，选拔和培养新一代山歌手，同时编发《海门山歌》专辑到各学校，让民间音乐从小就根植于孩子们的心灵。

作为国家级非遗代表性传承人，宋卫香被时代赋予更重大的责任。2013年，为了让海门山歌剧后继有人，海门与省戏剧学校联办开设海门山歌剧班。宋卫香作为特聘教师，每个星期都往返南京，为学生们辅导示范。她还在海门一些学校设立了学习海门山歌的基地，如"小梅花剧社"等。

宋卫香的愿望是，能够在未来发现并培养出几个像自己一样的传承人，给古老的海门山歌注入新的活力。

TIPS ★在新中国成立后培养起来的地方剧种中，有四大剧种成为各大区域内的领军剧种。其中北为龙江剧、南为白剧、西为陇剧，而东，就是广泛流传于江海大地的海门山歌剧。

★海门山歌剧曲调优美朴实，清新流畅，乡土气息浓郁，具有鲜明的地方特色。海门山歌剧常用曲调60余首，其中以"山歌调"、"对花调"为基本调。

山歌独唱《小阿姐看中摇船郎》

通东号子

国产《拉网小调》就是有腔调

她是飘荡在海门黄海之畔的劳动之歌
她也是海门儿女难以割舍的文化基因

"哎嗨哟上来,嗨嗨唔包,嗨嗨嗨,又来到啊呀,栀子花开呀,叶子青呀,嗨嗨唔包……"这样几句短小重复、节奏鲜明的号子,是海门通东地区农民边打麦边传唱的民歌。

通东地区是海门历史最悠久的地方。特别是在海界河以北,远在唐朝,通东人就在这里开辟耕作。气候适宜、文教昌盛等独特的自然条件和人文环境,为通东地区留下了丰富的历史文化遗迹和非物质文化遗产,通东民歌就是其中非常重要的一个部分,它分为号子、山歌、小调。

号子来源于劳动生活,因此是最早的通东民歌。

黄海之畔,男人们都要下海捕捞,下海就要喊号子。从出水、拉网、起锚,都有着非常有趣的号子,《拉网小调》就是其中的经典。

"咳左叉哇,咳咳哟,咳左喂啦,哎咳哟,咳又哇左,哟呼啦,咳呀么下来,吭呼咳……"

粗犷雄浑的调子,我们仿佛看见了在一望无际的海面上,海鸥在天空盘旋,一艘渔船随着波涛上下起伏。船上,一群汉子齐心协力喊着号子拉渔网的情景,他们的额头上流淌着晶莹的汗珠,脸上流露出丰收的喜悦,号子声在水面上飘得很远、很远……

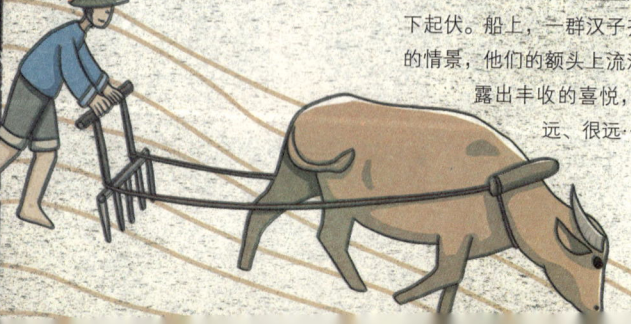

通东号子唱响上海世博会

挑泥、踩稻、拔花秸、除草、拔豆子、纺纱织布……这些轻的劳动通东人也会喊号子，慢慢哼一哼，每一种号子都和着自己劳动的节奏，干起活儿来也更有劲了，这些音乐节奏不一的通东号子，颇有当下流行的说唱之风。

"拿起个锄头锄野草呀，锄掉野草好长苗呀，咿呀海，呀呼嗨……"

上了年纪的通东人听到号子声会感到非常亲切，因为他们年轻时那热火朝天的劳动场面、响彻云霄的号子声珍藏在记忆中，那画面那声音仿佛就在眼前、耳边。

如今，随着机械化程度的提高，很多重体力劳动不再需要人力去做，比如挖泥、锯木等等，因此很多号子已经逐渐被人们遗忘，喊号子的人也越来越少，通东号子面临着失传的危机。

为了把海门的传统文化保留和传承下去，海门区文广旅局出版了一套《海门文化大观》丛书，"通东民歌"就是其中一大章节，而促成这个重要章节完成的人，是一位"苦行僧"般的民间音乐家。他就是中国音乐家协会会员、南通市级非遗海门山歌和通东民歌代表性传承人崔立民老先生。

崔立民坚持50多年，走遍了全市各乡镇。他携带纸笔，拿着录音机、摄像机，记录旋律歌词，与民间老人们共同和唱，收集整理通东民歌。崔立民认为，"通东号子"作为通东民歌的源起，是海门最有特色的地方民间文化，这样的非物质文化遗产必须挖掘、整理、传承，要一代代传下去。

191

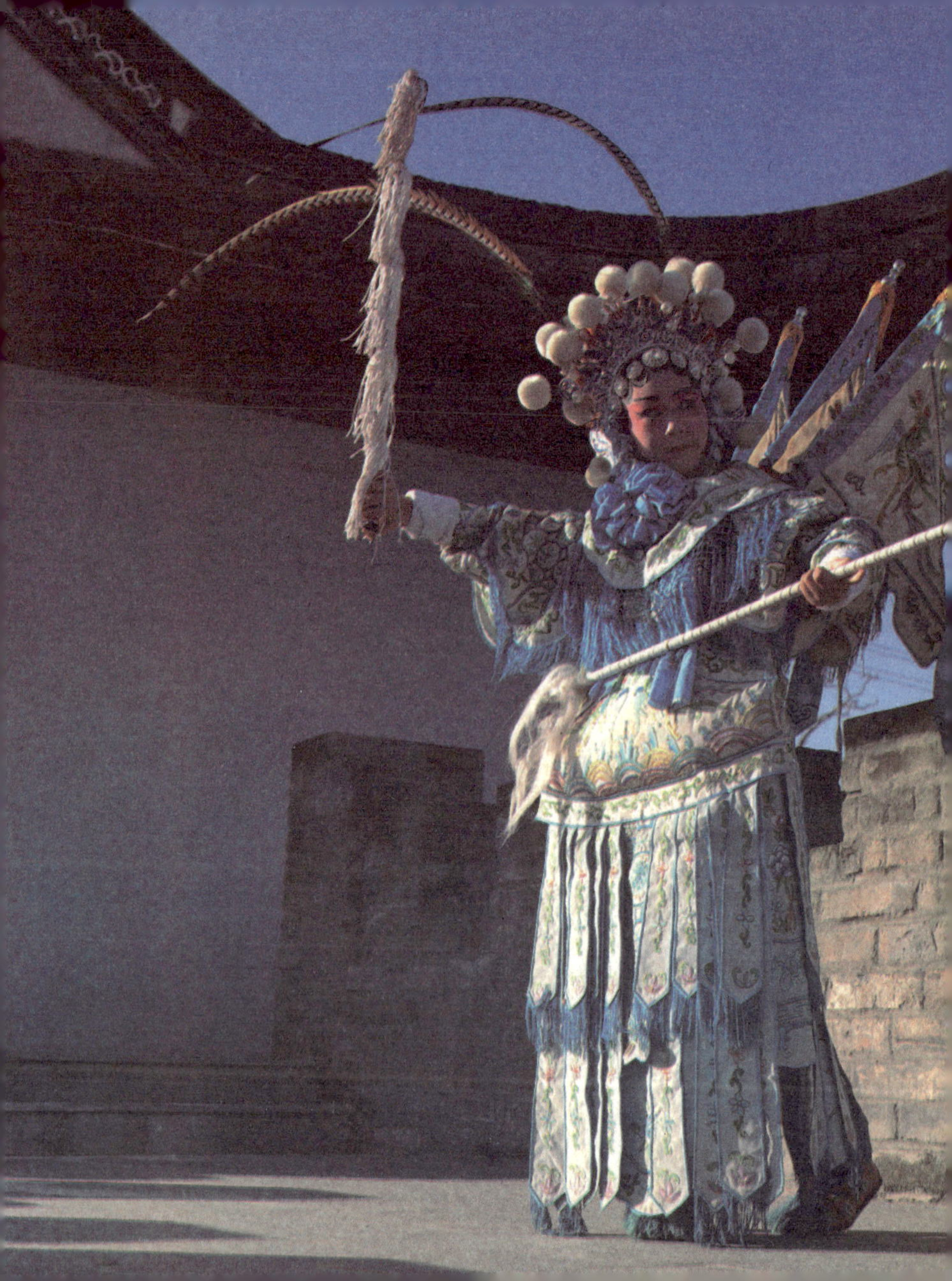

古镇京韵，
余东娃唱响大舞台

"猛听的金鼓响画角声震，唤起我破天门壮志凌云。"大课间时间，海门区余东小学的校园广播里时常会传出"咿咿呀呀"的京剧唱腔。

在余东小学，有那么一群热爱京剧的孩子：他们一声声唱腔或圆润绵长，或铿锵有力，或婉约动情；他们一个个动作或凝重如山，或急如骤雨，或轻盈灵动。他们就是"金凤宸少儿京剧团"的孩子们，小小票友在舞台上演绎精彩，名扬全国。

在千年古镇余东，国粹京剧早已融入生活，成为古镇文化的闪亮元素。余东古镇早就设立了京剧联谊会，一大批老戏迷激情洋溢，"周周演"的身影活跃在乡村舞台。尚长荣等一大批京剧名家纷纷莅临这座古镇。

古镇京剧风自然地吹进了当地校园。自小耳濡目染，余东的娃娃爱唱戏。"京剧进课堂"，余东小学开设京剧课程，编写了京剧校本教材《古镇京韵》，分为走进京剧、认知京剧、品味京剧三个模块，让孩子们共同来传承京剧艺术。《人民日报》以"国粹在课堂"为专题对此做过报道。

2015年以来，余东小学的京剧娃们在北京、上海、浙江、南京及南通等多地与京剧名家同台献艺，小小票友们获得全国少儿戏曲艺术小梅花金奖、中国京剧小票友邀请赛二等奖等10多项国家级殊荣，中央电视台戏曲频道《快乐戏园》栏目播出了余东小学"金凤宸少儿京剧团"的专题。何佳鹏等多名学生被上海戏剧学院附属戏曲学校和扬州艺校录取，踏上新的艺术之路，在更大的舞台上展示自我。

一所乡村小学，何以飞出了一只只京剧表演的金凤凰？除了古镇的文化熏陶，还得益于余东小学在发展京剧特色的过程中形成的选才机制。京剧指导老师李朋山、沈红霞定时走进各个班级选苗子，一次在听大合唱的时候老师发现了何佳鹏的声音极具穿透力，是棵好苗子！李朋山老师说，何佳鹏的嗓子得天独厚，只要能顺利度过青春期少年的变声期，他将是京剧舞台上花脸领域难得的人才，相信专业戏校的老师也会给他更加专业的指导。

与何佳鹏相比，女孩陈彤彤则是在身段上更加出挑。每一个动作都

非常有力，眼睛炯炯有神，透着一种强大稳定的气场。陈彤彤出生在一个普通的农村家庭，不过她有一个爱听越剧的妈妈。余东小学创办京剧社团的时候，陈彤彤就被京剧舞台上那些漂亮的服装、脸谱吸引住了，逐渐对京剧产生了浓厚的兴趣。在团里，陈彤彤是练功最刻苦的一个，每一个基本训练她都要付出比别人更多的努力。老师们都说，这孩子骨子里有股拼劲儿。这几年京剧给自己最大的改变不仅是外形上更加挺拔了，内心也更加坚强了。

与陈彤彤一起考入扬州文化艺术学校的女孩叫滕笑笑，老家在浙江温州，四年级下学期才转入余东小学。她开心地说，转学好多次，终于找到这所有趣的学校，日常的课程中都融入了许多京剧元素。她有不错的舞蹈功底，便央求着父母同意她申请加入京剧社团。原本以为凭着自己的舞蹈功底，演京剧应该是不在话下，但以往的舞蹈训练要求姿态柔美，京剧艺术则要求动作有力。学京剧苦是苦，但滕笑笑却乐此不疲，她心里有个心愿，将来要做一名专业的京剧演员。

　　古镇因京剧而源远流长，京剧因古镇而历久弥新！

　　一个人可以走得很快，一群人可以走得更远。

　　余东小学的京剧娃将在更加广阔的天地里展翅高飞！

一只好口杯，装满爱与梦想

水，上苍之赐，生命之源。好水，必须以好器辅之。

一只称心如意的水杯，会让你爱上喝水的感觉，每一场精彩的旅行离不开它的陪伴。众里寻他千百度，希诺，就是这样的一种水杯。

无论是在各大网购平台的排行榜，还是在谈壶论杯的热评中，希诺，都是与国际同行业顶端品牌相比肩的。很多人并不知道，这个名声远扬的杯壶高端品牌，其实就出自我们身边，是地地道道的"海门礼物"。

1999年，第一只带着卡通小熊LOGO的希诺水杯诞生于上海，梦想由此启航。2007年成立的江苏希诺实业有限公司，落户于海门古镇余东，在这里破茧成长，一举成为国内杯壶行业标杆企业。

从第一只塑料杯诞生，到占据国内高端杯壶超70%的市场份额，希诺人用了20年。20年来，希诺在高质量制造的道路上，用创新践行品牌初心："让国人用上自己生产的杯子，让每一个用希诺杯子喝水的人更加安心、健康、幸福。"

走进这座花园式的厂区，在热火朝天的生产线上，你会看到一只优质的口杯是如何淬火而生的。盛水之杯，须炉火暖之。

经64道工序，精益求精，手工匠作，方成精品。

自从10年前第一只玻璃杯诞生以来，希诺人一直坚持着一条"生产标准"：希诺水杯只有一等品，不存在二等品和次品，所有未达标一等品的成品全部报废。在当时的工艺条件和生产环境下，这近乎苛刻的高品质要求使得希诺玻璃杯的良品率不到50%，生产成本数倍增加。但公司并没有因此而降低标准，因为深知"精品"就是"万里挑一"。正是这种坚持，"精品精神"已成为希诺出品的代名词。

品质是根，创新是魂。品质是希诺品牌赖以生存的基石，而创新是希诺发展成为高端杯壶引领者的利器。20年以来，希诺将大量的资金、时间投入到材料的研发和创新中，成功创建新的产品类别，让水杯不再是单纯的容器，更是高端生活品质的展现。

多年前，希诺大胆"砍掉"了当时保温杯盛行的烦琐装饰，坚持现代审美，采用极简设计，以合理的构成工艺，发挥结构本身的美，开创杯壶行业的现代设计风格。当极简设计风格成为市场主流，希诺则继续向前，不断突破，让设计和材料协调统一，为消费者带来既有"颜值"又兼具健康的创新产品。

2019年，希诺正式推出纳米银离子抗菌杯，开启了中国杯壶行业在研发和制造上的新征程。通过突破性的设计和制造工艺，将抗菌银离子应用到水杯上，为日常饮水提供了更加健康、安全的保障。持续技术创新的动力来源于希诺"有爱"的理念，正是因为关注人的健康和生活质量，希诺杯壶完美演绎了从科技之美到生活之美的历程。

在希诺厂区，无论是那面刻画着企业成长史的文化墙，还是可以媲美大型图书馆的职工书屋，都会让你感到，它拥有着强大的企业文化。2018年2月，由江苏希诺冠名的"希诺"号高铁列车，在上海虹桥站举行首发仪式，这也是海门企业首次冠名高铁列车。目前，已经有8列"希诺"号高铁列车，飞驰在祖国的大江南北，践行着希诺真诚为百姓提供贴心服务的价值观。

希诺，意为"希望和承诺"。"一只杯，装下民族的品位"，这是希诺人的承诺，更是希诺人的情怀。民族的也是世界的，希诺人秉承"真实、有爱、有梦想"的企业精神，书写着杯壶行业带军者的中国梦。

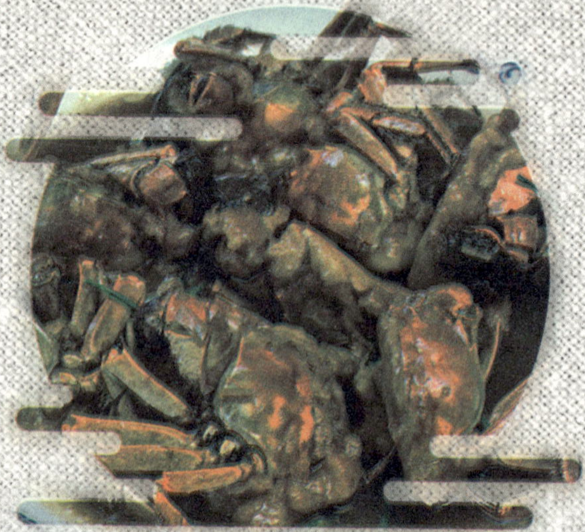

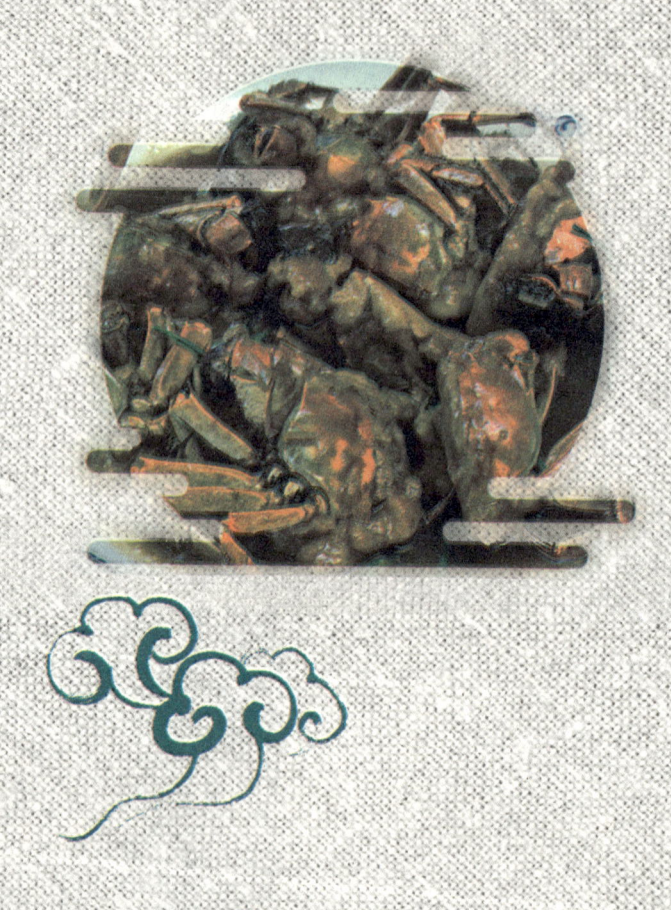

伍

舌尖宝典
带你尝遍江海味道

海门红烧羊肉

招牌菜的美味担当

海门红烧羊肉，6个字，说透了一座城市美食的精髓之处。

这道菜如今已经是神一般的存在了。南通人接待朋友常说，不吃海门羊肉就不算到过冬季的南通。还有更飘骚的说法，江南的朋友过江来海门，吃一顿红烧羊肉后飘然离去。就像梁朝伟飞到伦敦喂个鸽子一样，事了拂衣去，深藏功与名。

前两年有个说法将它送上神坛，至今找"度娘"还可以找到这样的自信表达：江苏24道当家菜，海门红烧羊肉名列第一。如果细细探究真相，其实这个"第一"是没有定论的，大部分人认为前三名是：盱眙龙虾、天目湖鱼头和南京盐水鸭。事实上，在2014年举行的这次评选中，另一道南通菜也上榜了，天下第一鲜之铁板文蛤，排的是第7位。海门红烧羊肉排名第几，其实并不那么重要。它的江湖地位已经在那里了，江苏当家菜，南通招牌菜，这已经足够傲娇了。

海门红烧羊肉，冬天食用最佳。过年的前后，是吃羊肉的大好时光，这就比较讨巧了，说它是最好的年味恐怕没有人反对。各地羊肉的吃法可谓多矣，用一个红烧来强调自己的独特性，海门人是有灵气的。不是说白煨、冷切就不是吃羊肉的正途，海门人信心满满地认为，红烧应该是山羊肉最高级的烹饪法，也最能吃出羊文化的至高境界。

海门红烧羊肉为啥好吃？对于一个资深食客来说，必须追根溯源，探寻出其真谛。这里给喜欢这道菜的朋友们送点小福利，一般人是不告诉的。

首先是选羊有术。羊肉好不好吃，山羊本身的肉质很关键。海门山羊，又称长江三角洲白山羊，是海门地区农民在数百年生产实践中辛勤饲养、精心选育而逐步形成的一个优良地方品种。2011年12月，农业部批准对海门山羊实施农产品地理标志登记保护。2019年11月，海门山羊入选中国农业品牌目录2019农产品区域公用品牌。

海门本地山羊，特征就是小耳朵、小羊角、腿细，肉肥嫩鲜美，肉质纤维细嫩，口感肥而不腻。公羊的肉瘦肥均匀，口味更佳。与此同时，肉要不老不嫩。以这样的羊做原料，才能烧出肉质细腻的山羊肉。以前为了去膻味，会放红枣、甘蔗等物，但现在只要羊选得好，本身是不会有太大膻味的。

其次是烹调有道。有了好的山羊肉，还得有绝妙的厨艺锦上添花。比如焯水就有讲究。要用冷水焯，因为羊肉有腥味，冷水焯能有效去掉余下的一点膻味，热水的话会将膻味"封"在肉里。经过焯水，羊肉血水慢慢渗出来，将上面浮着的泡沫去掉，再加冷水，经过 3 次反复，就能去腥了。如果习惯用热水焯，记得不要加锅盖，以防羊肉加热后散发出来的腥膻味会重新被焖煮回羊肉中。

要做到"原汁原味"，不打芡粉，不加鸡精、味精，将羊肉的本味烧出来。火候很重要，这是最基本的，也是最考验做这道菜的人水平的地方。如果担心把肉烧老烧黑，可以每隔 20 分钟左右揭开锅盖看看，要多看看肉的老嫩、颜色，如果熟的话，羊肉的皮会变软。将羊肉用大火烧开后，看看肉色差不多了，便用小火焖上 1 个小时，最后是大火收汁。所谓的大火收汁或者叫自然收汁，指的是通过大火使羊肉中的汤汁变得少、烧得浓稠。调料调味也很关键，要烧出羊肉的酱香味，颜色以红亮为佳，这两点都需要在放酱油时掌控好数量。

这样，一道纯正的海门山羊肉就出炉了。试想一下，在飘着小雪的冬日之夜，煮一锅入味的海门红烧羊肉，家人朋友围炉小坐，再配一点小酒，聊着山海经，那是多么惬意的事情，正有着"晚来天欲雪，能饮一杯无"之境。

海门山羊肉有纯红烧的做法，加一点冰糖更有滋味。还有羊肉烧青菜的做法，红烧羊肉加碧绿的青菜，煞是好看。还有的人喜欢用羊肉和白菜、粉丝一起煮，那又是另一种滋味了。

反正是以红烧为核心，山羊肉成了海门人冬天桌上一道必不可少的美味。因为一道菜，爱上一座城，海门红烧羊肉是担当得起的。

203

家乐，海门山羊台型轧足

"千年海门，一品山羊"，一直以来，海门山羊都是海门的一块金字招牌。海门羊肉之所以受青睐，就是因为此地的长三角白山羊声名远扬，是皮、毛、肉俱佳的地方山羊品种。

海门山羊在长江三角洲地带有着千年养殖历史。早在唐代，江苏句容一带居民迁至长江入海口的崇明岛，随同带入原籍白山羊在岛上生长繁殖。海门大片沙地成陆后，崇明人率先到海门开垦种植，白山羊也随之加入"海门籍"。海门土地肥沃，水草肥美，让白山羊找到了家的感觉，落户之后就以海门山羊之名广为人知了。

2019年11月，中国农业品牌目录"具有代表性特色农产品区域公用品牌"评审结果公布，海门山羊肉成为江苏省入选的12个品牌之一。不仅如此，此次海门山羊还因为"叫得响、过得硬、影响力大、美誉度高、竞争力强、品牌故事精彩、文化内涵丰富"，成为全国公认的"4只羊"之一。

海门山羊是只宝，山羊文章要做好。近年来，海门山羊作为国家地理标志的丰

富内涵得以挖掘,羊业特色文化板块的新画卷在海门大地上迅速铺展开来。三厂工业园区凭借浓郁的羊文化和乡村风情,着力打响"山羊文化小镇"新名片,园区的山羊产业和乡村旅游均呈现出良好发展态势。在三厂工业园区,主打"羊家乐"田园风光游的金盛生态度假村,是山羊文化小镇的重点板块。每逢节假日,总能看到一辆辆从上海等地开过来的旅游大巴停靠这里,游客们看羊戏、游羊园、开羊荤,享受一次欢乐的田园美食之旅。

金盛生态度假村离海门城区仅十分钟车程,是国家级休闲农业与乡村旅游五星级示范区。度假村内的山羊文化区,拥有江苏首家海门山羊研发中心,海门山羊研发已纳入国家星火计划。这里还拥有山羊博物馆、羊家乐主题公园、克隆山羊基地、羊家乐电子商务公司、山羊"虚拟互动体验"展示系统等多个子项目。金盛度假村连续8年承办了海门"山羊节"、"羊家乐田园风光游"。

在这里,游客不仅可以品尝到以海门本土的有机食材为主料的"羊家一桌鲜"十六大碗,还可观赏到"四季有诱惑"的生态家园。度假村为游客精心打造一个纯朴雅致、静美绿色的旅居空间,力争成为长三角地区乡村旅游的特色之选。

采菊东篱下,悠然见南山。休闲时刻,到海门山羊特色小镇走一走,在"羊家乐"的惬意时光里,远离都市喧嚣,重见乡村美好。

金盛生态度假村

TIPS

★除海门山羊外,海门全力打造区域公用品牌,已注册集体商标1个(海门山羊),地标产品发展到6个(海门山羊、海门黄鸡、海门香芋、海门芋艿、大红袍赤豆、大白皮蚕豆),数量列全省县级市之首。培育省级以上农产品品牌7个,其中旺盛葡萄荣获中国驰名商标。

状元宴

一席尝遍海门味

因海门籍状元张謇得名的状元宴,称得上是海门菜的代表作。外地的朋友一到海门,总想品尝一下状元菜的滋味。

江海沉积的海门沙地,是一块食材丰富、美味众多的风水宝地。海门人在美食上十分讲究,善于加工,民间有不少厨艺高手,还涌现了上海锦江饭店、北京钓鱼台成阿荣,上海和平饭店东林发等国家级厨艺大师,烹制的拿手菜曾获得多位国内外元首点赞。

因海门籍状元张謇得名的状元宴,称得上是海门菜的代表作。外地的朋友一到海门,总想品尝一下状元菜是啥滋味。亦农亦商家庭中度过大半辈子的张謇,养成了平民生活习惯。海门特色菜肴有冷盆11道、热炒14道、汤类5道、点心小吃19道、主食8种、水果5种。慈禧太后六十大寿张謇高中恩科状元,后来海门人整理的状元菜谱就是六十道,道道吃出好味道。每当宾客来临,根据不同对象、爱好、人数和时令节气选上若干道,将海门土特产粗菜细做、细菜精做、精菜巧做、土菜洋做,成为价廉物美的地方风味佳肴,足与山珍海味比高强。对于重要客人,按海门习俗最高礼遇——"十二碗头加海菜",边吃边介绍,让人通过美食了解张謇、记住海门,别有一番情趣。

关于状元宴还有段佳话。1901年春天,立志实业救国的张謇在海门、启东交界处组织百姓围垦沿海荒滩,建成耕地面积达10万多亩的垦牧公司。当年深秋,雪白的棉花竞相绽放,成为纱厂投入生产的上好原棉。时任两江总督刘坤一十分看重张謇,力挺发展民族工业。围垦前夕,张謇力邀刘坤一到海门叙话,并以江鲜、河鲜、海鲜、羊肉,以及海门寻常百姓的农家菜肴盛情款待。刘坤一是湖南人,竟被海门的鲜味震住,全然忘了自己本是无辣不欢。张謇笑言,若思念江海全席,随时再来海门。江海全席状元宴,正是从那时起闻名于耳。

冷盆:张謇最爱吃的卤黄鸭蛋,只只蛋黄流油。特产黄金瓜蒸后不刀切自成金瓜玉丝,清香可口。

海门香芋炒茶干,是散积理气、解毒补脾、清热解咳的药膳。海门四色宝豆之一白洋扁豆,清凉解热。酒糟春鱼,咸中有甜,扑鼻喷香。带活炝虾,喜欢海鲜的朋友的最爱。

热菜:羊吃百草,羊肉驱百病。"千年海门,一品山羊",闻名四海的海门红烧羊肉,汁如膏方,肉质鲜嫩无腥,色香味极佳,"吃上就打巴掌不放""不吃羊肉等于没到海门",冷切羊肉也闻名遐迩。鲥、甲、鲳、黄、子、刀、鳗、豚,江海河珍稀名贵佳肴齐全,银鱼草头加蛋白绿黄三色相间,蛎蚜山的蛎蚜饼滋补壮阳,天然湿地官公河鲜红烧大鱼头一大盘,清代贡品黄毛白肚三兴河面拖蟹胜过阳澄河蟹,一道又一道,未动筷口水已先流。补誉为"千年人参,万年芋艿"的红烧芋艿,是养胃润肠的药缮。

汤类:鲫鱼羊蹄汤,"鱼""羊"成"鲜",鲜上加鲜。粉皮鲢头汤,久煮成乳,营养胜乳。盐齑豆瓣汤,海门人素有"三天不吃盐齑豆瓣汤,脚骨郎里酥汪汪"之说,民间说这汤有强体壮力之功效。

点心小吃:元宵节的"卷团""银子""棉桃""米动物",沙地印刷糕、米粉寿桃、夏凉面饼、芦叶棉包粽、赤豆甜羹、绿豆凉羹、酒瓣汤圆、面糊疙瘩、蜜饯蒸红萝卜条,玉米、豆角、花生、菱角、山芋、芋艿六青煮小吃集一盆。

主食:咸酸油甘的扁豆米饭,大红大紫的赤豆米饭,绕宅飘香的旱稻米饭,尼克松访华最爱吃的玉米粞粥等等。

水果:品尝果中之王白沙枇杷、糖家甜头、龙化蟠桃,还有海门特产——芦稷,如今又有海门自育的海蜜甜瓜。

如今,进入"沙里人家""状元饭店",坐上状元桌,点上状元菜,摆上状元宴,品上状元特酿世界金奖颐生酒、农家米白酒,体验当年张謇的状元生活,品味江海饮食文化,称得上是人生一大乐事。

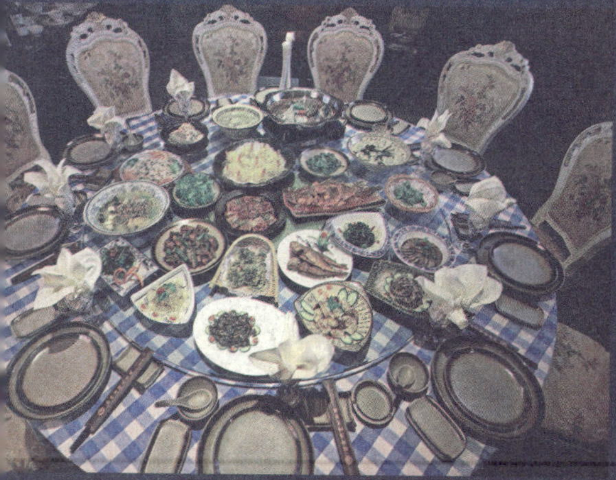

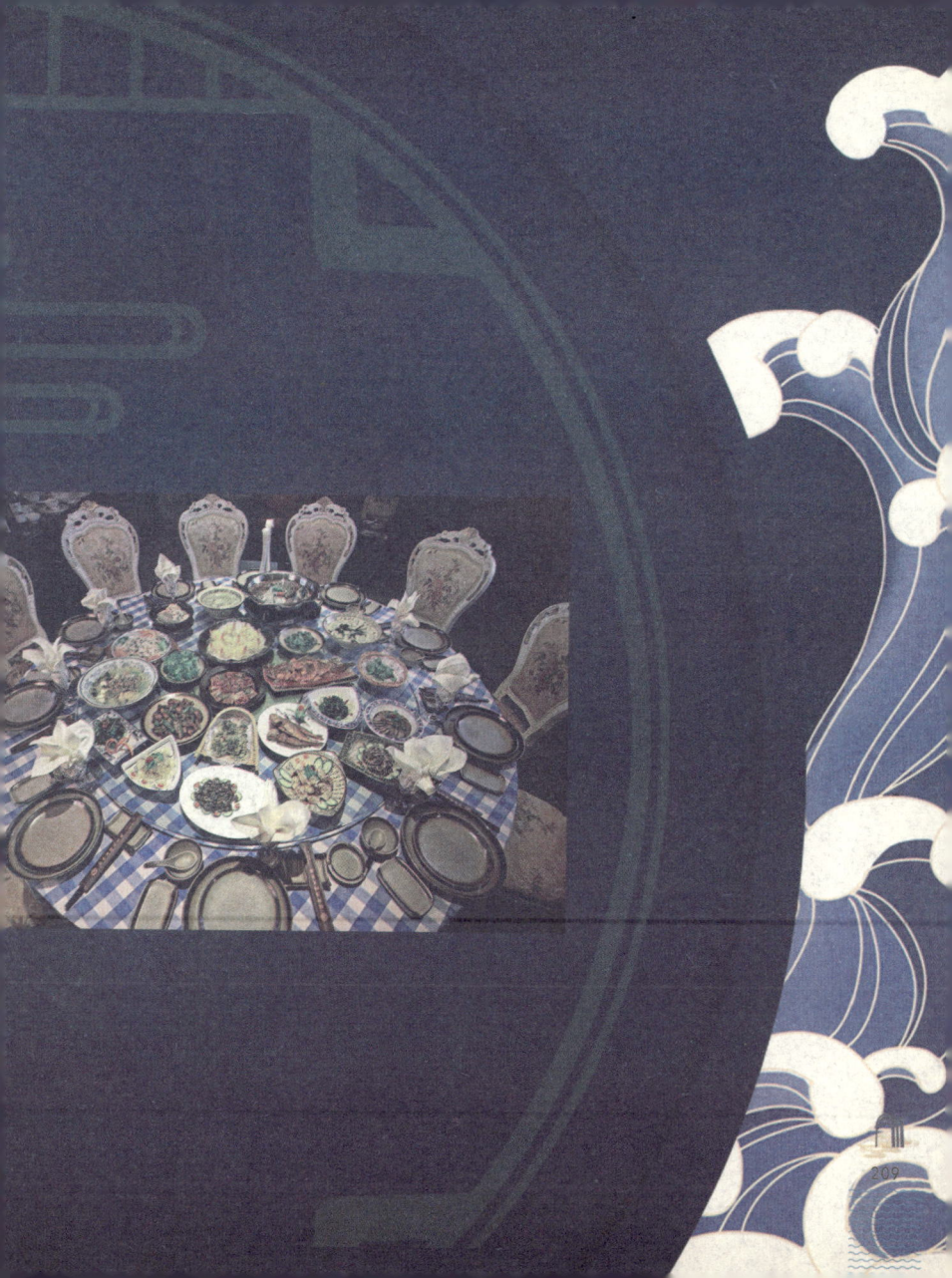

寻味南黄海，
觅鲜东灶港

到海门吃海鲜,就要到海边的东灶港。

天然渔港东灶港,位于海门东北部,北枕黄海,东邻吕四港。

这里盛产各种鱼、虾、蟹、贝。如果自驾前往东灶港,打开车窗,当你闻到有腥咸的海风吹来,目的地就在眼前了。渔港内,那些停泊的渔船樯橹林立,似乎在提醒你,南黄海品种繁多的海鲜已经被这些船捕获上岸了。

环绕着码头的一家家餐馆,店堂里飘扬着海味的鲜香,还伴有酒的醇香,因为海鲜与酒,已经成为海边餐饮的亲密搭档。

这些店里的海鲜餐,也并不算便宜,但胜在一个新鲜!赶上汛期,刚刚还在黄海里畅游的生物转瞬成了你口中的餐点,这种生猛还是值得你痛快买单的。

东灶港的海鲜品种之多,一般的食客很难认全。网上有个很火的帖子,叫《东灶港一渔老大整理的海鲜大全,以后不怕不认识海鲜了》,列举了在这里可以吃到的82种海鲜,全养起来可以开个水族馆,仅虾类就有十来种,大至担钓大的对虾,小至芝麻大的麻虾,真是应有尽有。

与相邻的渔港相比,东灶港海鲜还是有些自己特色的。盛产于南黄海的文蛤,被称为"天下第一鲜",是因为它可以生吃,只要将白嫩的文蛤肉取出注入调味品炝一下,不用煮即可食,那是原始的本鲜;它又可熟吃,煮菜时只要加几只文蛤就会增鲜,若煮汤即鲜上加鲜。

盐水香螺

炒蛏子

梭子蟹烧年糕

白煮毛蚶

蒜蓉生蚝拼扇贝

满载而归

文蛤在东灶港的餐桌上也是唱大戏的,但这里还有一种牡蛎饼,尝过的人说,"比天下第一鲜还要鲜",海门当地俗称"蛎蚜饼",因它来自东灶港东北方向4海里的黄海中的海上蛎蚜山。渔民跑海上"山",捕捉到活体牡蛎,取其肉浆与面粉相拌,油锅中淌过,鲜嫩可口,是《本草纲目》所载的一道保健壮阳的药缮。法国文学大师莫泊桑的小说《我的叔叔于勒》里,人们在海岛生吃的那个海产品就是牡蛎。

南黄海边的海门人,吃海鲜很有讲究。吃鲳鳊鱼要挑体大肉厚的"步丁鱼",吃泥螺要挑黄边退沙的,吃带鱼要大而宽的,宽到像织布机上的"坐机扁担"。吃梭子蟹,先要用手掂掂分量,重的肉肥蟹黄多。梭子蟹吃多了,还得挑更大的"青监"蟹吃。

春夏之交,小黄鱼(又称"黄花郎"、"春鱼")上市,从鱼贩手中购得,洗净晒干放入米酒糟醅制后常年食用,咸甜酒香。"糟春鱼一盘,老麦饭要吃二三碗",是海门人待客的特色菜。

食材好还得有好厨艺。海鳗鱼,鲜的要做得酥而流油脂条起,干的要与红烧肉搭配,要求猪肉不肥带着鱼香,鳗鱼带肥更显干香。脸盆状的"黄策鱼",加上蒜头,鲜煮烂熟汤似油,吃上似肉肥又嫩,六月夏天一滴汤,滴到桌面会成冻。

想喝汤的,用海葵(俗名沙参)及方板鱼,煮成鲜汤,比乳汁还浓稠。喜欢清淡的,来碗新鲜的紫菜蛋汤,清爽又可口。

要说当下海门人最流行的海鲜吃法,那是一个字:蒸。这样更能最大限度地保留海鲜的原汁原味。少油少盐,健康又有特色。清蒸梭子蟹、对虾、文蛤、竹蛏、带鱼、海螺、小黄鱼,这份名单上的每一种,蒸出来都是鲜嫩无比,让你领略到海鲜的最美味道。

天下第一鲜

渔船云集东灶港

渔老大提醒：海鲜虽好，还须小心

★海鲜煮不熟含细菌。一般来说，在沸水中煮4-5分钟才算彻底杀菌。

★死贝类病菌毒素多。贝类一旦死去便大量繁殖病菌、产生毒素。所以，贝类最好买活的，现买现吃！

★海鲜啤酒同食惹痛风。虾蟹等海产品在人体内代谢后会形成尿酸，而尿酸过多会引起痛风、肾结石等病症。

★海鲜水果同吃会腹痛。如果与柿子、葡萄、石榴、山楂同吃，会对胃肠道产生刺激，甚至引起腹痛、呕吐等症状。因此，海鲜与这些水果同吃，至少应间隔2小时。

★吃海鲜后喝茶长结石。吃海鲜时最好别喝茶。同理，也是最好间隔2小时以上。

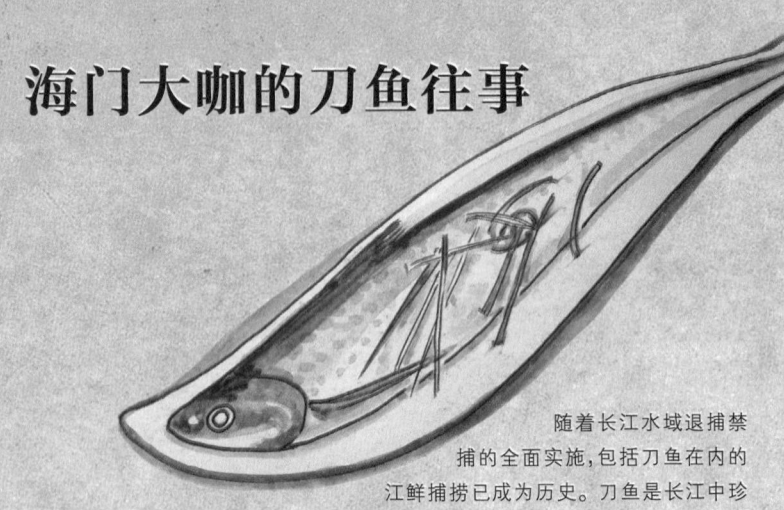

海门大咖的刀鱼往事

随着长江水域退捕禁捕的全面实施，包括刀鱼在内的江鲜捕捞已成为历史。刀鱼是长江中珍稀名贵的生殖洄游性鱼类，享有"长江三鲜"之首的美誉。遥想从前，每年春季，成年刀鱼从浅海溯长江而上，游过崇明，到了海门江面，被称为"江刀"。河豚与鲥鱼，也都曾在南通沿江畅游过。然而，由于长期受到多种人为干扰的影响，长江流域的珍稀鱼类资源已经严重衰退，唯有实施全面禁捕，才能给这些水中精灵带来一线生机。

海门人引以为豪的"春来食一刀"盛景不再，刀鱼之美已经成为食客追忆回味的传说。

从前的海门人有多热爱刀鱼？从几位海门大咖的江湖往事中，打捞出两个片段，就足以看出百年前的刀鱼，已然是名士垂青的早春绝品。

1910年初，南通城，濠河畔。那一晚，状元公张謇与他的三哥张詧，一起宴请客居南通的韩国诗人金沧江。自从5年前韩国被日本吞并后，这位爱国诗人老金就愤然辞官离开汉城，投奔他的中国诗友张謇。张謇将老友安排在翰墨林书局工作，平日里诗歌唱和，也少不了相聚小酌。那天是正月二十九，长江刀鱼刚刚入市，张氏兄弟就请来他们的韩国朋友一起品尝。看来这是张三先生的主意，当晚的私宴就设在他的城南别业里。

透过诗歌的记忆，我们得以穿越时空。不知张謇公那夜有没有饮一点自酿的颐生茵陈酒，反正诗兴挺高，宴后写下《与金沧江同在退翁榭食鱼七绝三首》，分别吟咏了桌上的刀鱼、银鱼和蚌肉。其中的刀鱼诗写道："**昨日刀鱼入市鲜，匆匆先上长官筵。如何顿得非常价，江上春寒过往年。**"

对于诗中所说的"长官筵"，应该不是謇翁自称长官，所指的是当时南通渔民的旧俗。凡江边渔民每年捕获的第一尾鲥鱼，必先送总兵，总兵不受再送知州，又不受，最后送训导，教谕受而食之。美味不输鲥鱼的刀鱼，看样子也是要先上"长官筵"，才入百姓家。

三翁濠畔吃刀鱼的这一年，正是清王朝覆灭的前一年。辛亥革命之后，一些老规矩也"革命"了，南通渔民认识到这座城市的真正操盘手，其实不是镇守使署和县知事衙门里的官老爷，而是濠河边风轻云淡的张氏兄弟，于是每年的第一、二尾好江鲜，孝敬的就是张四和张三先生了。

扯远了，还说那天的刀鱼与诗。金沧江第二天一醒来看到张謇派人送来的三首诗，十分激动，赶紧回复三首五绝以表谢意。其中"价耸味愈好，一斤过一金"的诗句，表明老金知道这个时节吃刀鱼，还真不是一般人出得起价的。金沧江说，"从此通州属吾乡"。一顿江鲜，吃出国际友谊，这刀鱼还真是立功了。

关于海门名人与刀鱼的第二个故事发生在1926年春。这一年，张謇先生74年的人生历程即将走向终点；在上海，有一个29岁的海门青年王贤，艺术华章才刚拉开序幕。

这位青年就是以后享誉画坛的王个簃。据个簃先生晚年回忆，他曾有缘拜见过乡贤张謇，而正是张謇公指点他可跟吴昌硕大师学下去。于是，在翰墨林书局的李苦李老师引荐下，王个簃1925年赴沪成为吴昌硕孙子的家庭教师，并以此身份住进吴家，成了昌硕先生的入室弟子。

1926年的料峭春寒中,王个簃收到一份从南通寄来的"快递"。原来是一个叫钱浩斋的朋友,在南通看到刀鱼新鲜上市,想到王个簃刚拜吴昌硕为师,可以送点正宗江刀让他们尝鲜。于是不惜重金,买下大条宽边银条刀鱼数尾装篓,快速请要去上海的亲友带到王个簃住处。这样的时令货,在当时上海滩有钱也难买。喜出望外的王个簃,趁着新鲜劲儿,马上烹制刀鱼,与其师吴昌硕煮酒共餐。王个簃还就此一气呵成绘出了《刀鱼图》,笔墨简练,形神兼备。图上双款题跋,一横一纵。款曰:"通州钱浩斋赠刀鱼数贯与缶翁(吴昌硕)煮酒共啖,作此遣兴,丙寅个簃贤。"继而又题七言绝句一首:"**大江之委正月天,有鱼游刃味至鲜。子舆不云鱼我欲,对兹合馋三尺涎。**"落款为"劳亭",这是王个簃先生早年别号。

江鲜刀鱼让师徒俩"合馋三尺涎",其魅力可见不一般!这一幅《刀鱼图》后来在欧洲展出并获奖,让长江边的美味透过宣纸,香飘欧陆。时隔28年的1954年,王个簃对此图又作了长跋,可见他对刀鱼是真爱。

无论张謇还是王个簃,大概都没有想到,他们所钟爱的刀鱼,有一天到了濒临绝迹的地步。目前,一道长江刀鱼禁捕令的出台,给这个长江第一鲜留下一丝繁衍生息的希望。

世间好物,总要等失去方觉珍贵。聊一聊舌尖上的往事,不仅是为追忆那一份美味,更是想唤起对长江鱼类保护的一腔热诚。

王个簃《刀鱼图》

海门黄鸡，土鸡里的战斗机

网络上有句流行语："大吉大利，晚上吃鸡。"到了海门，想要吃鸡，没有问题。本地特产海门黄鸡，定会让你吃得尽兴。

海门黄鸡，小型黄羽肉鸡品种，具有黄羽、黄喙、黄脚三黄特征。除肉质优良、适应性强等遗传特征外，同时具有体型小、产蛋后期持续性能好的遗传特性。海门黄鸡适应性强，耐粗饲，成熟早，肉质细嫩鲜美。2012年5月，农业部对"海门黄鸡"实施国家农产品地理标志登记保护。

尽管今天的海门大部分土地是300年前才浮出水面的，但海门黄鸡的历史却有上千年，它是和古海门的历史进程联系在一起的。唐代末年，如今的海门地域尚为沙洲，农业已相当发达，养殖业也有了很大发展。古时居住草房，当地人就在屋后林间、田间养鸡，让其自由采食，"日出而牧，日落回窝"，因而形成了"吃苦耐劳"、肉质鲜美、营养丰富的海门土鸡。我们可以称之为"海门土鸡一代"，它是海门先民的上乘佳肴和滋补品。

明清时期，海门土鸡随着海门县城的几次搬迁而开始了"文化苦旅"。房屋土地坍江，农民迁往他乡，在他们的打包物品中，少不了土鸡的一席之地。海门土鸡也分布到了南通的大部分地区，更远的到了盐城的射阳、大丰。

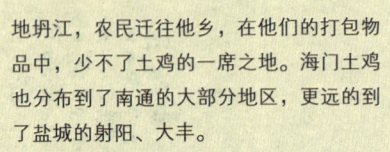

上世纪七十年代，海门农科所以海门土鸡为资源，经杂交选育，培育出了海门草鸡。

本世纪初，海门绿源肉鸡专业合作社联合扬州大学和江苏畜牧总站，重新调研收集海门草鸡资源，通过世代闭锁选育和提纯复壮，形成了具有一系列"优良品质"的海门黄鸡。江苏京海禽业集团有限公司通过数十年的努力，让海门黄鸡走入了千家万户，其培育的"京海黄鸡"被批准为国家级畜禽新品种，成为我国自2006年新的《畜牧法》颁布以来第一个通过国家审定的鸡品种。京海集团已从当年一个名不见经传的小型种鸡场，一跃成为江苏省规模最大的肉种鸡生产基地。

海门黄鸡的原产地处于沿江、沿海地区，受长期的自然环境影响，具有较强的适应性和抗逆力，故对产地的生态环境与饲养条件无特殊要求。当然，因为它的祖

京海集团科技人员研究黄鸡

先就是在房前屋后散养的,如今的海门黄鸡更喜欢被放飞自由,养在鸡舍里会束缚了它那颗爱奔放的心。

海门黄鸡与南通的另一名鸡狼山鸡相比,个头显得比较"含蓄",但小有小的强项。海门黄鸡结构紧凑,皮下脂肪适中,肌纤维细而致密,含水量较少,所谓"浓缩的都是精华",也有人赞它为"土鸡中的战斗机"。

对于吃货们来说,关心的是海门黄鸡的味道。正因为有那么多优势,该鸡给人的口感柔软细嫩,汤汁清香,具有地方鸡种独特风味。记得2019年春节前,央视二套财经频道《回家吃饭》节目向大家推荐了四道海门特色菜:红烧海门山羊配芋艿、鱼羊酸汤、绿茄糟烧带鱼和香芋黄鸡。这香芋黄鸡,将海门亮点特产香芋和黄鸡集于一盘,香芋豆香四溢,鸡肉细腻柔滑,隔着屏幕都能闻到那诱人的香味。

TIPS 香芋黄鸡做法

★1、将黄鸡剁成麻将块大小,焯水备用,把香芋去皮切块洗净。

★2、热锅后倒入菜籽油,加入葱、姜、蒜爆香,放入鸡块煸炒至鸡块变色,淋入料酒去腥。

★3、放入香芋煸炒后,加入糖、酱油、盐,并加入清水至没过鸡块,盖上锅盖,大火烧开后改小火慢炖30分钟,收汁装盘即可。

盐齑汤里的海门日常

三天勿吃盐齑汤，
脚股郎里酥汪汪
————沙地谚语

寒天时节，从瓦缸里拔出两棵浸得墨绿的腌齑，切碎丁，热油少许，炒至金黄，洒一勺在白米粥上，很有点白玉盘里点青螺的意境。"呼呼"连吹带吸，一碗下去，满头便沁出细密汗珠。周身通泰，好似经一阳指点过筋脉。

隔了数十年的光阴，仍然闻得见被菜籽油熬香的那股子酸中带甜的气味，不由得津生舌底，于是童年又活过来了。

每到秋深，雪里蕻在地里拔直了身姿，为越渐寡淡的菜畦留守最后一点倔强的青春。它自有骄人底气，因为上过《广群芳谱》。谱中《野菜笺》载："雪里蕻，雪深诸菜冻损，此菜独青。"

只是，它等不到雪深了。一棵一棵削了根，择去黄叶，在微凉的秋阳下晾至半蔫。一层盐一层菜码到深沿的缸里，青涩辛辣的气味，在晚风里散开。简朴而窈窕的舞蹈敬祀的是岁华将尽的留恋，把那些来不及食用的青翠收藏成一冬的陪伴。是敬惜，也是防备，备得来年的荒春三月餐桌上一碟旧年怀念。

雪里蕻挤出一身青绿汁液混同盐渍开始另一场新生。说不清它是降伏了盐的咸苦，还是咸盐吞并了它的辛酸。伏在青石下，一如悟空五百年的守望——它脱胎换骨了。青葱硬挺转成墨绿婉转，辛辣扑鼻的气味也发酵成带着凛冽的咸、鲜、酸、甜，还有一点点余苦，那是它前生的记忆。世间的风云际遇从来都是难以料定的复杂。

目前，作为海门民间土菜的代表作，通常的名称是盐齑豆瓣汤。但如果要追根溯源，它的名字叫作：腌齑。

齑，多么古老的语汇。早在《周礼·天官·醢人注》中就有了它的身影："凡醯酱所和细切为齑。"是的，在经受踩踏、浸泡、重压、发酵、酸渍……之后，还要经受刀切。千刀万剐，切成碎粒，再经烈火烹蒸煎炒，方才成就它从一种平凡到另一种平凡的过渡。

从平凡到平凡。千年以降，向来如此。

正式席面里，没有它的座次。偶尔出现，是作为肉丝、鱼柳、虾仁的配角，散落在盘间，烘托主菜的滋味。用最卑微的

色、最热烈的鲜、最复杂的味，成就主角的光荣与梦想，是"事了拂衣去，深藏身与名"。腌齑，竟是隐在江海滩头的一个散仙。

但是，寻常人家的餐桌上少不了它。

春去秋来，寒暑易节，腌齑炒笋丝、腌齑豆腐汤、腌齑烧豌豆……腌齑是以五味调和时令的高手。有了它，春笋更鲜洁，豆腐更入味，豌豆更甜糯。

偶尔有肉下锅，加一捧腌齑，一碗肉就有了两倍的体积。往往，肉被拣进老人和孩子的碗里，沾着肉汁的腌齑，才是家里主要壮劳力的下饭菜。更多的时候，一碗肉炖了又炖，碗底仅余一盏油汪汪的汤汁，还要再加一把腌齑，这碗肉的滋味才能载入记忆的史册。

和肉烧的，常常是另一种囫囵干腌齑。大头菜切丝、晾蔫、掺盐、揉搓，使尽力气塞进小坛里封存。两个多月后开坛，菜叶的青和菜秆的白仍然分明，青蔬的清香仍然馥郁，须得一年半载之后，青青白白完全变成赭褐深红，蔬香散尽，烟火气都敛尽，仿佛前尘往事于五脏六腑里百转千回后的平伏。

此时，若得一把干蚕豆泡肿去壳剥成的豆瓣——又是一个收藏时光的角色，加清水煮开，下青盐数粒，洒菜油数滴，豆瓣和腌齑便可立时还魂，释放出浓缩的香气和窖藏的时光。

远离家乡的海门人，只要一口盐齑豆瓣汤，就能复活所有关于老家的记忆。于是，再添老酒一盅，老泪半眶，和着滚烫的汤下肚，隔山隔水的思念，便在舌尖上荡漾成一记悠远的叹息。

制作印糕的模版

阴糕与印糕
不同流派的两大"糕"手

秋风把一记叫卖声吹送过来时,那缕清香已经先行一步钓起相思。

没错,一定是新磨糯米,一定是新制笼格,一定是新火蒸腾,才有这般热烈的米香木香,才会把满街飘忽的冷风焐成暖香缕缕惑乱人间。

然而那叫卖声让人一秒出戏:"阴糕!啊,阴糕!"

阴糕?不是每年清明前后的时令糕点吗?来自吴语系的沙地人,自然而然地想起阴糕的来历。

那时春尚清浅,野地里的油菜才在道道绿垄上簪起零星黄花。牵望许久的阴糕将将登场——刚买来的阴糕,搁在蓝边大碗里晾凉。名字里的"阴"字,让人觉得它就像祭祀仪轨里的一块汉白玉,是一块又冷又硬的标本存在。其实,孩子们心心念念却是它的美妙滋味,候在桌边,用目光研究莹润如玉的颗粒如何曼妙亲昵地融合,靠想象体会那种圆笼糕无法企及的疏松柔软。

清明前一日,古时是"寒食"。"阴"字读成入声,在乡音里便取"寒冷"之义。阴糕,原本就是供奉故人的冷食啊!

当它回到人间的锅里,重新找回温热柔软,却再也找不回那些散逸而去的香味。好在它内里拌着猪油炒成的豆沙,犹能还魂。甜、滑、软、烫。左手倒到右手,掌心感测的温度略略褪却,一口下去,之前所有等待的不甘与怨怼立时消尽。

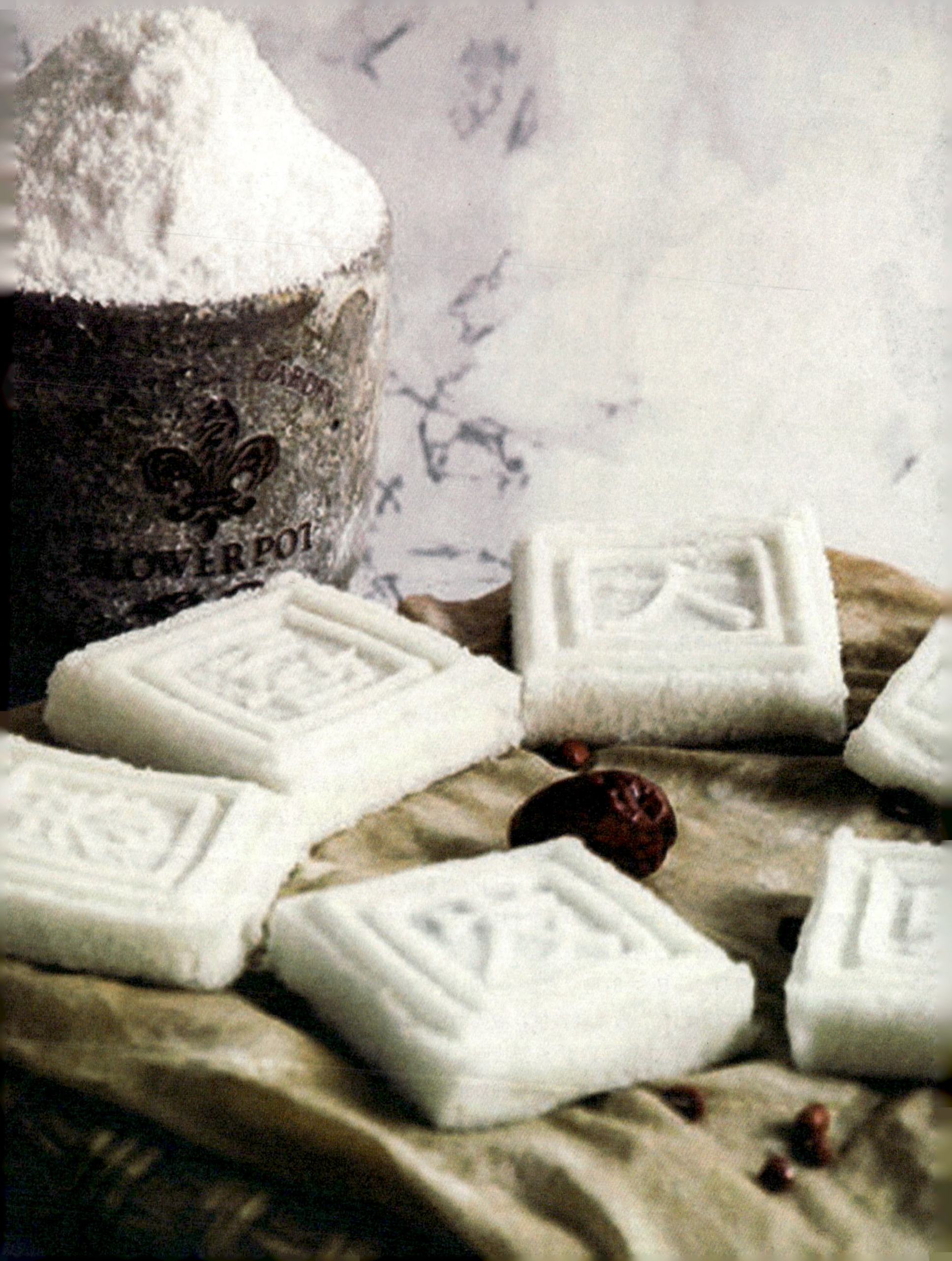

品种多样的海门印糕

然后，由春而夏，青团、麦蚕、粽子渐次登场了，只是那种米粉交织木器的香，这一年都不会再有了。

"这阴糕不是清明才吃的吗？"这样的话最终没有问出口。从前的岁月再也找不回了，阴糕的出场还必须强制设定在清明时节的纷纷雨丝中吗？对世界的重新体认，开启于这个街边的黄昏。

再后来，遇见了红印糕。

起先，以为只不过是染了红色的阴糕。其实，它们分属于两个完全不同的风俗体系。阴糕，多为沙地祭祀之用。红印糕，则是通东地区的流量担当：红白喜事、上梁架屋、酬喜往还……都由它来领衔。

印糕走得更像是一条喜剧路线，因有着独特的好口彩而被更多海门人钟爱，又被叫作"鸿运糕"或"宏运糕"。这红色印糕被沙地人认定来自北路，极有可能是印糕重镇石港的东传，而石港人是定名为"窨糕"的。本色的阴糕呢，与南边驰名的崇明糕是近亲吗？

红印糕与阴糕制法类似，以米粉裹豆沙（亦有芝麻），在模子里压出印纹，是花则"梅兰竹菊"，是字则"福禄寿喜"。只是铺面的那层粉，掺了绯红食用色料，一如村秀腮上胭脂，有了俗色，也有了家常气息，穿梭在家长里短间，扛起风霜流年。

如果美食界也像武林，他们就是不同流派的两大"糕"手。

阴糕放下矜持冷傲的姿态，混迹江湖，是西门吹雪的飘飘剑衣，也是落在记忆里的一场松霭白云。

红印糕，则是重情重义的"中原一点红"做了一个为生计打拼的歌手，可以唱尽所有的结果。

万年芋艿，何以媲美千年人参

说起海门的特产，你一定听过"千年人参，万年芋艿"的说法。万年芋艿，说的就是出产于悦来镇万年一带的全国地理标志农产品"万年香沙芋艿"。

海门人总会记得每年中秋时节，那甜甜糯糯的芋艿端上桌时的情形。家乡的芋艿，不用煎炒蒸炸，只需隔水一蒸，就能品尝到那香糯的美味。蒸熟的芋艿放凉后，用拇指食指微微一捏，外表的芋艿皮就迅速剥落，这时只要蘸上红糖、白糖或者酱油，放入口中，那种干香可口，易酥不糊的口感，一辈子都忘不掉。

在海门的乡间还有一句俗语，"走过三关六码头，吃过万年芋艿头。"万年的香沙芋艿，已经成为海门农产品的吉祥四宝之一，走上了长三角百姓的餐桌。

正宗的万年芋艿种植面积并不广泛，裴蕾、中圩两地有集中种植。究其原因，是因为万年香沙芋艿只在那片地域上能种出质地细腻、干香回甜的风味。哪怕种植的地方跨过一条河，万年芋艿的那种特有风味就有所改变了。

海门的事儿总是绕不开乡贤张謇。据说，张状元曾精选香沙芋艿进献给慈禧太后，太后品尝后大为赞叹，连忙询问张謇这是什么好东西，张謇告诉慈禧是自己家乡的万年芋艿。慈禧被这芋艿的滑糯口感所折服，脱口而出："这万年芋艿，可与千年人参相媲美。""千年人参，万年芋艿"由此流传开。这传说是否可信，也没人去探究了，反正这句话已经说顺嘴了，对于万年芋艿的品质大家都认可的。

　　万年芋艿的真正奥秘还是来自泥土。经过省、市多位农业专家研究后发现，种植万年芋艿的地方，有海门其他地方所没有的黏性犟黄泥，这是一种已有1200多年历史的土质。看来想媲美千年人参，还真要有千年沃土呢。话说万年这地方与海门大部分土地一样，是清康熙年间才浮出水面的。这1200年的土质，想必是经过了几度沧海桑田的轮回，才有了那样久远的身份。

　　研究还发现，万年香沙芋艿中含有大量的黏液蛋白和多种微量元素。人们食用以后可以促进身体的免疫球蛋白再生，能增强人体抵抗能力，防止细胞癌变。万年芋艿中的许多微量元素，经常食用可以保护心脏和牙齿，更能健脑益智。

　　万年芋艿在海门种植历史已经有200余年。如今，它渐渐从当年充饥的蒸食，蜕变为烧煮的配菜。用其炖鸡、烧肉、炒茶干，配荤素皆宜。就拿芋艿烧肉来说，芋艿与肉汁相融，总能让人吃出比肉还幸福的味道。

　　到海门悦来吃芋艿，最好的时间是每年中秋。刚刚上市的万年香沙芋艿和海门山羊肉一起红烧。羊肉肥嫩，芋艿可口。吃到嘴里，入口即化，回味悠长，定会让你终生难忘。

海门香芋，让卞之琳牵挂的那种香

从海门走出的诗人卞之琳，人生晚年有这样一个小插曲。当他尝到友人送的海门土特产香芋时，勾起了无穷思乡之情，喜悦地以家乡话说："对，小辰光在家里吃过的，有特别的香味，是一道上台盘的土特产啊！"话语里充满了对故乡风物的挚爱与褒扬。

但凡尝过海门香芋的，确实忘不了它那种特别的香。

还有种说法，要认定一个人是不是真正的海门人，可以问他香芋与芋艿是不是同一种食物。说不清楚的，大概率没有在海门生活的经历。

香芋，又称地栗子，因为是从美洲传入的，有人称它"美洲土栾儿"。豆科，多年生蔓生草本植物，一般作一年生栽培。因其肉似薯类，但味道既非山芋、芋艿，又非马铃薯，却好似板栗，甘而芳香，食后余味不尽，故取名香芋。清代香芋从美洲引入，在我国中部沿海多地种植都水土不服，唯海门等少数地方的气候、土壤适宜它繁殖生长，于是香芋最终在此落户，成为沙地一道名菜。1900 年的《海门厅图志》就有关于海门香芋的记载。至于芋艿，虽然外形与香芋有几分相似，但其软糯细腻的口感是完全不同的。

我们再来引用一段古典名著来看看两者的各具特色。《红楼梦》第十九回"情切切良宵花解语，意绵绵静日玉生香"，说的是宝玉和黛玉讲闲话，黛玉要睡觉，宝玉怕她睡出病来，便编出扬州地方一个小耗子变香芋（香玉）的故事哄她。小耗子道："米豆成仓。果品有五种：一是红枣，二是栗子，三是落花生，四是菱角，五是香芋。"老耗子听了大喜，即时拔了一支令箭，问："谁去偷米？……谁去偷香芋？"只见一个极小极弱的小耗子应道："我愿去偷香芋……"

有人曾怀疑作者是否把芋艿说成是香芋？事实上，《红楼梦》第五十回中讲到过芋艿的："李纨命人将那蒸的大芋头盛了一盘，又将朱橘、黄橙、橄榄等物盛了两盘，命人带给袭人去。"这说明曹雪芹把芋艿和香芋二物分得很清，是个细致的美食家。

香芋形似薯而味似栗。它既有板栗的甘甜，又有板栗所没有的芳香。其香淡雅、温婉，有君子之品，而同为菜品奇香代表的香椿、香菇与之相比则略显艳俗。

香芋因其营养价值被称为"蔬菜之王"，而它也当仁不让成了海门人餐桌上的王者。海门还有一种说法，香芋与"相遇"谐音，具有珍惜缘分之意，是宴请宾客的吉祥好菜。

香芋久煮不糊，粉面不散，入口清香微甘，无论是红烧、清煮、煲汤或与荤菜搭配，皆宜。"香芋茶干"与"葱油海蜇"成为沙里饮食文化中的"哼哈二将"，并由它们守望着沙地美食之门。正因为有香芋这个"最佳助攻"的存在，才诞生了香芋烧竹鸡、香芋烧茶干、凉拌熟香芋、香芋扣肉等沙里经典名菜。

香芋种植是个技术活，它对土壤和地势的要求极高，畏寒怕热。一季香芋短则二年，长则三年，要想种出高品质的香芋还得有高手侍候，即使产量低也能有很好的回报。古往今来，有很多海门人就靠着一手香芋种植的绝活而发家致富。

对海门人来说，香芋是一种特殊的记号。它不仅仅是个食材，更是家乡的特殊味道。就像卞之琳这样，离开故土多年，还是忘不了它的滋味。

四色宝豆

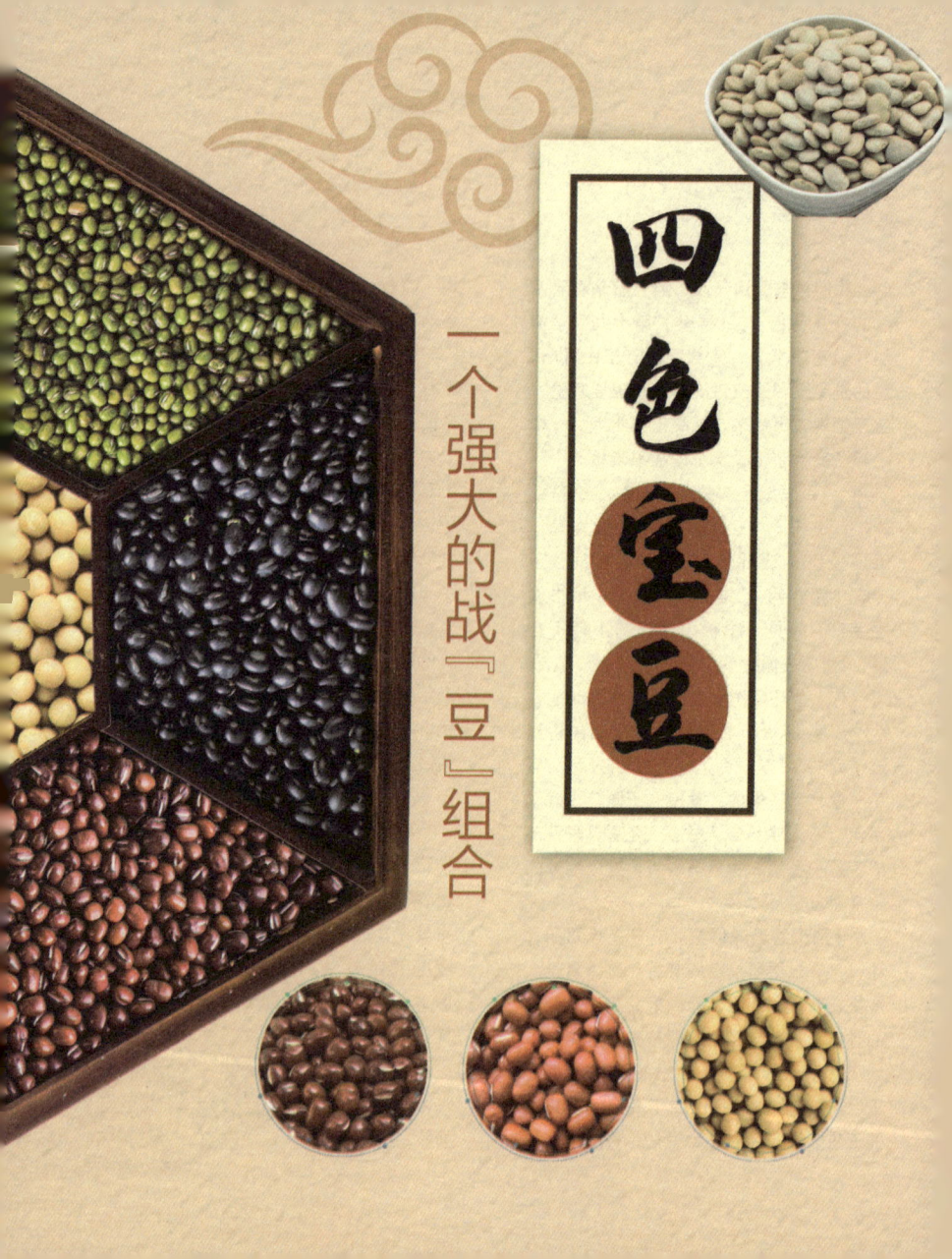

一个强大的战『豆』组合

占得江尾海头好位置的海门,自然条件优越,农副特产丰富。一些其他地方不多见的香芋、芋艿等海门特产早已声名远播,其中经独特气候锤炼和土壤不断优化而来的四色宝豆组合,更是备受人们青睐。

天上有彩虹,地上有彩豆。赤橙黄绿青蓝紫的天之七色,被红黄绿白的海门宝豆组合,就占去了半数。李时珍早在编撰《本草纲目》时,就将豆之组合称为"心之谷"。其中在海门土生土长的红赤豆、大板豆、关青豆和白扁豆的美味和营养,至今仍在百姓中津津乐道。

被称为大红袍的赤豆,外观长圆形,光泽、薄皮、肉实。富含铁元素、维生素和蛋白质,并兼有养心、补血、祛湿和治疗便秘痔疮之功效,也是清除体内自由基及延缓衰老的上佳食品、当地海门人,常把赤豆作为滋补养颜和待客之用。逢年过节,家家户户将其温火煮烂成为豆沙,再拌入红枣、桂花或白糖后,用于各式糕点之馅,以饱口福。

大板豆,也称大白皮蚕豆,由先期来海的移民输入。后在百姓自觉的优胜劣汰和逐渐的自然进化下,才成为如今的优良品种。该豆含有丰富的植物蛋白、磷脂、矿物质和微量元素,是预防动脉硬化、保护心血管的健康益智食品,同时又因营养价值高、养身功效明显而广受人们青睐。

产自本土的大白皮蚕豆,刚成熟用于清炒,口感甚佳,在舌尖的轻搅间,唇齿之间会自然叩出清香两字,滑嫩中藏有嚼劲。开放的味蕾常被芳津淹没,仿佛这就是大自然馈赠的珍馐佳肴。成为干豆后,一般用于沙炒油煎,或去皮后成为豆板用作炒菜或煲汤,亦可经深加工后制成粉条、粉丝、河粉等特色食品。

关青豆,海门人又称绿皮黄豆,具有品质优良、色泽美观、营养丰富的特点。《本草纲目》曰:"服食黄豆,令人长肌肤,益颜色,增骨髓,加气力,补虚能食。"黄豆既能增加血管弹性,预防血栓形成;又可预防高血压、冠心病、动脉硬化等疾病。然而,海门的绿皮黄豆又是黄豆中的战"豆"。青豆经速冻后可出口创汇,干豆又是制作各类豆制品和压榨豆油的优质原料。上世纪八十年代末,被农业部列入中华粮油名特品种目录。

黄豆成熟初期的籽粒，称青毛豆。色泽青翠如碧玉，常被搭配在鸡块、鱼肉、鳝鱼、河鳗、蟹汤等上品菜肴中蒸煮炖炒，为"色香味"三全，起到一定的点缀作用。亦有原住民，在采收初期，竟连豆带荚煮熟了当成休闲美食，或用于直接下酒。

宝豆之一的白扁头，俗称洋扁头，汉晋时期自印度引入，至今已有二千多年历史。外观扁平，形呈椭圆，色泽光亮，刚成熟时壳嫩为青色，是豆科类爬藤植物。其果经日晒成为干货后，肉色白如美玉故称白扁头。该豆籽粒饱满，营养丰富，其蛋白质、磷、铁等含量为其他菜蔬所不可比拟。早在物资匮乏的上世纪七八十年代，海门百姓常携带该特产，隔洋过海前往外省各地，以换取日常所需的各项费用。

其实，由豆为组合家庭的成员还很多。例如：具有公认的乌发亮发功能的黑豆，另有和大珠小珠落玉盘之声媲美的豌豆等等，只因上述品种或因色相重叠，或因不起代表作用，这里就不再赘言了。

值得一提的是，当年被张謇称为刘叟良农、田状元的刘旦诞，四色宝豆就是在他的分区夹种和选择套种等农艺的精心指导下才得以延续下来。就拿赤豆来说，原先海门的赤豆又小又硬，经过刘旦诞多年培育变成了今天的"大红袍"。他还是实行农作物大规模夹种的海门第一人。1910年，清王朝覆灭的前一年，我国历史上第一次博览会在南京举行，田状元刘旦诞在张謇等支持下，带着他培育的大红袍赤豆、旱稻米和黄精赴会，捧回了银奖及"孝悌力田"匾额。

1914年春，刘叟逝。为感念刘旦诞种瓜得瓜、种豆得豆的示范贡献，乡贤张謇曾亲书汉字1035个，为其撰碑文以示悼念。

233

醉美枇杷园,活力天籁村

这几年,每到枇杷成熟时节,海门的天籁村就成了热门的打卡地。

在天籁村生态主题庄园内,拥有距今近300年历史的枇杷古园,目前已被认证为中国最古老的枇杷园。这里出产的枇杷个头硕大,口感清甜,尝过的人都忘不了它的好滋味。

天籁村枇杷古园历史悠久,最早的枇杷树可以追溯到海门田祖陈朝玉,他在此垦荒后安家。当年这里有陈氏东、中、西联体宅院,院后为大竹园,宅沟周边种满枇杷树。陈朝玉的二儿子陈岳尤爱竹木果树,从崇明搬来了大批枇杷树苗,形成了海门最早的古村落和枇杷园。《师山诗存》录有陈岳的诗《小园春抄》:"花片忽乱落,幽禽时一鸣,东君如惜别,香雾暗帘旌。"应该是陈氏古园的写照。

陈氏后人及周边百姓纷纷仿效,形成了栽种果木的传统,使这一带成为有名的果木之乡。随着时代的演变,有些果园不复存在,而枇杷园却一代代补种维护,保留至今。

如今,陈氏后裔陈华、陈芳在这里建立1000亩的现代农业基地,打造天籁村枇杷古园旅游景区,传承枇杷及田祖文化。

在枇杷古园，至今仍保存着227棵古枇杷树，2016年成功申报上海大世界吉尼斯之最，获得"中国最古老的枇杷园"证书。

2017年6月，首届江苏枇杷文化旅游节在此举行，东道主推出的状元牌玫瑰红、大白玉兰枇杷，首次参加江苏省神园杯优质水果大赛荣获2项金奖。2018年6月，江苏省首届枇杷产业大会在此召开。海门枇杷与海门山羊生态种养循环系统，目前已申报世界农业非遗文化项目。

初夏时节，走进古枇杷园，乒乓球大金黄色的枇杷成串成团悬挂于绿叶丛中，煞是诱人。走进增种万棵的500亩新枇杷园，一棵棵的枇杷树雄姿勃勃，盛产期总产可达近百万斤。枇杷树四季常青。寒冬开花，果实金黄，古人称之为"金丸"，含有吉祥圆满的寓意。枇杷成熟时，恰逢每年6月中、高考期间，来自状元故里的枇杷寄有金榜题名的美好愿望，天籁村的"状元枇杷"因而大受欢迎，现已在国家工商总局注册了商标。

枇杷营养价值极高，又是滋补、止咳、利肺的药材。生态园与哈尔滨商业大学紧密合作，成立了海门博士工作站，深度研究枇杷、开发新品，研制成养生精酿枇杷啤酒、枇杷膏滋补保健品、枇杷凉茶、枇杷袋泡茶，获得国家多项发明专利。枇杷温泉、枇杷茶室、枇杷茶语等，可让你深度感受枇杷文化。新开辟的150亩百果园，让游客一年四季观花品果，享尽瓜果之乐。

这里正在打造"不一样"的生态主题庄园，让"文化融入于农业、让农业在文化中行走"。庄园推崇枇杷养生文化、田祖状元文化、亲子亲农文化、户外婚礼文化和休闲娱乐文化，五大特色文化吸引着众多市内外的游客前来采摘、游玩、体验。

状元枇杷

吃在天籁！不一样的是在园林丛中落座举杯，在民俗中尽享美食。来这里的游客，必定耐心等待一款如舞台大戏般的大餐——"田祖八大碗"。主角上来，是大盆的鱼汤，里面的食材丰富到眼花缭乱，有鱼圆、菌菇、竹笋、莴苣……盛上一碗鲜美的汤汁，只要闻上一闻就会迷醉了。海门山羊肉、十三香龙虾、香酥蛎蚜饼，这些美味你一定不要错过。

住在天籁！不一样的是在枇杷园林里错落有致的民宿木屋。环境古朴，满眼绿色，圆你一个田园栖居之梦。

玩在天籁！不一样的是秉承传统、创意无限，让人在游玩中放飞心情。"东园栽酒西园醉，摘尽枇杷一树金"，五月枇杷丰收时，以节为媒迎客来。2000多棵枇杷树可以让游客徜徉其间，观赏、采摘，手挎竹篮，寻寻觅觅，硕果累累，甜甜蜜蜜！枇杷旅游节、啤酒狂欢节、田园烧烤节，一个接一个活动，整个生态园成了欢乐的大舞台。

骑马场、旱雪馆，大小朋友们在这里都能完成一次自我突破的历程。田祖文化广场、水上舞台和容纳500多人的看台围成椭圆，来到庄园，

天籁村生态主题庄园景观

田祖食苑，美味飘香

一场水上视觉盛宴不容错过。美好的田园风光又是户外婚庆文化的好去处。新人们选择古老的庄园，希望情比金坚，爱情久远。

最美枇杷园，活力天籁村。天籁村生态主题庄园正在不断探索，将结合旅游、科普、演艺等多项元素，打造一张长三角知名的农耕文化名片，让海门现代休闲农业吸引更多的目光。

TIPS

★天籁村生态主题庄园位于海门336绕城公路北侧，从崇川区出发40分钟车程可达。

★天籁村是座生态园，不是一个自然村，它位于海门高新区振邦村内。

苏洪鲜食，一根扁担挑出水果小镇

海门出过名闻天下的状元公张謇，在民间也涌现过脚踏实地的"田状元"。

300多年前的长江入海口，出现了平民垦王陈朝玉，才有了今天沟壑纵横、土壤肥沃、人杰地灵的海门。

100多年前的海门，出现了种田大王刘旦诞，从此才有了复种指数全国最高、新品种引进改良如此成功的海门。

今天的海门，现代版的"种田状元"更是层出不穷，"苏洪鲜食"创始人——"水果大王"曾建平就是其中一位。他用十多年时间，在海门创设的"苏洪鲜食水果小镇"，吸引着大量的长三角地区游客前来采摘游玩。一个只有初中文化的农民如何用一根扁担挑起了庞大的现代农业产业？

曾建平从十七八岁开始，就挑着两个大箩筐往返海门、上海两地，贩卖田螺和水果。他逐步开始做水果批发生意，而后在南通百花水果批发市场等地占据主要市场份额，成为苏中苏北地区的批发大户。当事业走上快车道时，曾建平仍然用几百元的旧手机，穿几十元工作服，每天凌晨四点准时到装货点，对自身"吝啬"的另一面却是对水果产业布局的大手笔。

苏洪鲜食在海门共有三个农场基地，海门智谷绿海现代农业园区有2850亩的旺旺农场，三厂有500亩的世外桃源，开发区有600亩的旺盛葡萄园。进入旺旺农场，绿树成荫、沟河整洁，一年四季鲜花盛开、瓜果飘香、游人如织。美丽的小木屋、漂亮的蒙古包、多功能的会议接待中心、美味的农家菜餐厅，这里每年还会举办葡萄采摘节、桃花节、猕猴桃栽培大会、微商精英会，浓郁的果文化、营销文化成了水果界大咖们"江湖聚会，共谋财富"的地方。

在南通的各个县市街道，每隔两条街，就能看到醒目的绿色主色"苏洪鲜食"

直销门店。"苏洪鲜食"在南通地区已开了30多家,"源地采购、品质保障","苏洪"已经成为南通地区水果销售的标杆。果文化和企业文化深度融合,成为企业发展的灵魂。从海外学成归来的朱望旺、曾嬿夫妇,继承和发扬了父辈艰苦创业的精神,运用互联网模式,打造苏洪鲜食连锁直销,微电商销售,年销售达到30亿元,每天京东近十辆集装箱从水果小镇的物流中心装货发车。

水果小镇的种植基地辐射全国。2000年后,曾建平在福建、江西、四川、山东、新疆建立了柚子、橙子、苹果、冬枣、猕猴桃种植基地和果品加工厂。觅得原生态的种植环境,采用适宜的气候条件,种出美味的鲜果,这是曾建平的执着追求。

苏洪鲜食还在国内多地设立了批发和配送中心,是大型连锁超市和电商重要的合作伙伴。每天早晨,当人们还在甜美的梦乡时,苏洪鲜食的各个批发中心早已灯火通明,工人在忙碌地配载水果,一辆辆卡车整装待发。满载各式水果的车队,迎着朝阳,把一份份甜蜜与健康送达到千家万户。

曾建平,如果给他的人生之路选择一个关键词,那么"勤劳"是最恰当不过的。而他却说,"感恩"才是他成功的密码!"说一千道一万,有了好的政策,老百姓生活好了才来享受水果,获得健康的生活方式。所以感恩时代,感恩所有的人,这才是我收获的最大一个水果……"曾建平如是说。

一条美食街上的人间烟火

　　大概每一座城市都需要一条美食街来做标配吧。加班到深夜的疲惫，娱乐至清晨的兴奋，得意失意之间，都需要美食冲击一下味蕾。似乎只有美食才能放大美好，只有美食才能治愈一切。

　　海门的美食街位于海门电视塔的北侧，是这座城市里出名的商业步行街。入夜，电视塔华灯齐放，绚丽的色彩像极了爱情。

　　如果距离不远的话，可以循着电视塔的光亮走过去，沿途没有太多的嘈杂，褪下面具，做最本真的自己。如果急于感受舌尖上的感觉，也

可以打车或自驾，步行街及其北侧的青海路上有很多车位，但食客太多，若不想在找车位上浪费时间，建议提早出行。

　　当然，想体验一下公交车之旅也是不错的选择。很多公交车在这附近设了站牌。最常见的，有101路，105路，112路，135路。海门的公交车很宽敞干净，坐在靠窗的位置，看一路倒退的风景，再和司机大叔扯几句闲话，原本心中积压的事都消散了似的，好像中途蹉跎的岁月，只是不经意间的一个回眸。

海门步行街汇聚了全国各地的美食，从早晨的第一杯永和豆浆到台北小站，再到半夜的音乐火锅。尤其青海路两侧的餐馆，用最直观的方式把海门"左窗可听海，右窗涌江声"的江海特色描绘得淋漓尽致。它们的招牌上，直接用小字标注"海鲜、河鲜"。

海门有一道引爆美食圈的名菜"海门红烧山羊肉"，冬天的时候食用最为滋补。上海、苏州很多人专门为了这道菜过来，利用周末品味一下就走。不管是海鲜坊还是家常菜馆，这道菜冬季必备。

步行街的海鲜馆首推会海鲜坊，菜品比较精致，但不太适合大胃王。不计较精致度的话，可以去名人名家坐坐，除了常规的海鲜、江鲜之外，家常菜里的大狮子头也是一绝，五六好友分享同一个狮子头，其中滋味，尽相似又全不同。

如果随行的有小女生，千万不要错过各类奶茶店，奶茶于少女是一种情怀。想让甜蜜升级，还可以去北端的红绿灯处的麦香人家，买一角蛋糕。浅浅的麦香，满满的幸福滋味。

当然，到了美食街，不得不提的就是美食街的夜市。美食街的夜市在步行街主干道的两侧。白天的停车场，到了夜幕降临之前，自觉的变身成一片净地。伴着夕阳，一辆辆手推车徐徐而至。东侧夜排档，西侧各类小吃。

夜市文化起源于唐朝，却直到北宋乾德三年四月十三，宋太祖下了一道诏令"令京城夜市至三鼓已未不得禁止。"夜市才真正被明文允许。

海门的夜市没有这么源远流长，因为交通便利，各地美食跋山涉水会聚于此，长沙臭豆腐、新疆羊肉串、东北关东煮，一眼望去，什么都好看，什么都想吃。

但是最受欢迎的夜宵食物还是当属烤串儿和小龙虾。夏天的夜晚，来一罐啤酒，叫上几斤小龙虾，和自己的三两好友碰杯畅谈。感受剥龙虾的烦琐之后的满足，手是油的，心却被美食迷惑得波灵波灵。如果抗不过隔壁摊位的烤串香味，再跑过去捎上几串肉串，所有的不甘与疲惫就这样慢慢淡了下去。不管是穿着西装打着领带的，还是趿着拖鞋套着大裤衩的，都是深夜路边摊食客队伍的一员。他们用普通话、沙地话和通东话高谈阔论，他们大笑、互怼抑或沉默不语。每个夜市，都是现实生活的一个小缩影。

海门美食街，喧嚣中的真实角落。一场与美食为伴，又真实写意人生的人间烟火！生活的场景不断地变幻，我们的身影却雕刻于此。

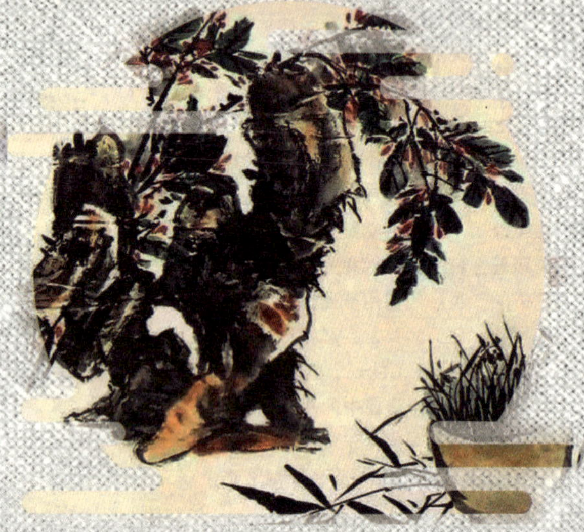

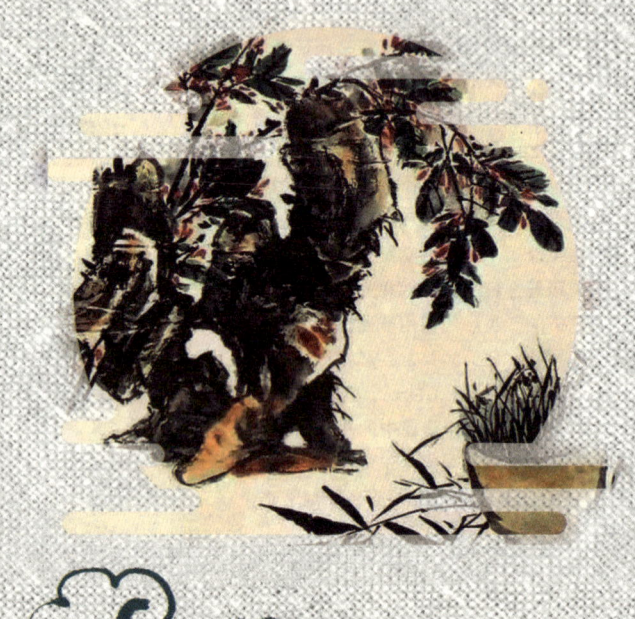

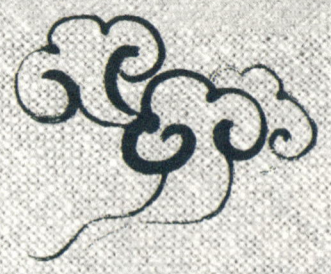

陆

张謇之外 这些名字值得珍藏

大明探花崔桐，
故乡就是他的名号

纵观海门的历史名人，在"前张謇时代"，明代的崔桐是最为著名的一位。崔桐出生于"凤城"余东镇，字来凤，号东洲，始终不忘自己来时的路。世人称之为崔东洲，也是"一城一人"的大人物。

崔桐生于明成化十四年（1478年），九岁便能写出一手好文章，时人称之为"奇童"，以至于塾师自知不适，便提出："请你家另请高明，他的前途无限，我不误他。"

明正德十二年（1517年），崔桐中进士，为第一甲第三名，即探花，仅次于状元和榜眼，授翰林院编修。值得一提的是，崔桐高中探花时已经41岁，与后来42岁中状元的张謇同属大器晚成。

正德十四年（1519年），明武宗准备南巡——这无疑是一个劳民伤财的举动。于是，崔桐与同榜状元舒芬等人一连五天跪于午门外上疏谏阻，这让皇帝大为不快。崔桐由此受到了杖刑，并被罚去半年的俸禄，这却让他从此闻名天下。

嘉靖八年（1529年），崔桐任督学副使，后又转任福建参政、浙江副使。嘉靖十年（1531年），崔桐以翰林侍读的身份出任湖广布政使右参议，后来又被提升为国子监祭酒。嘉靖二十四年（1545年）任礼部右侍郎，这是一个二品大员，相当于现在的外交部＋教育部＋文化部副部长。

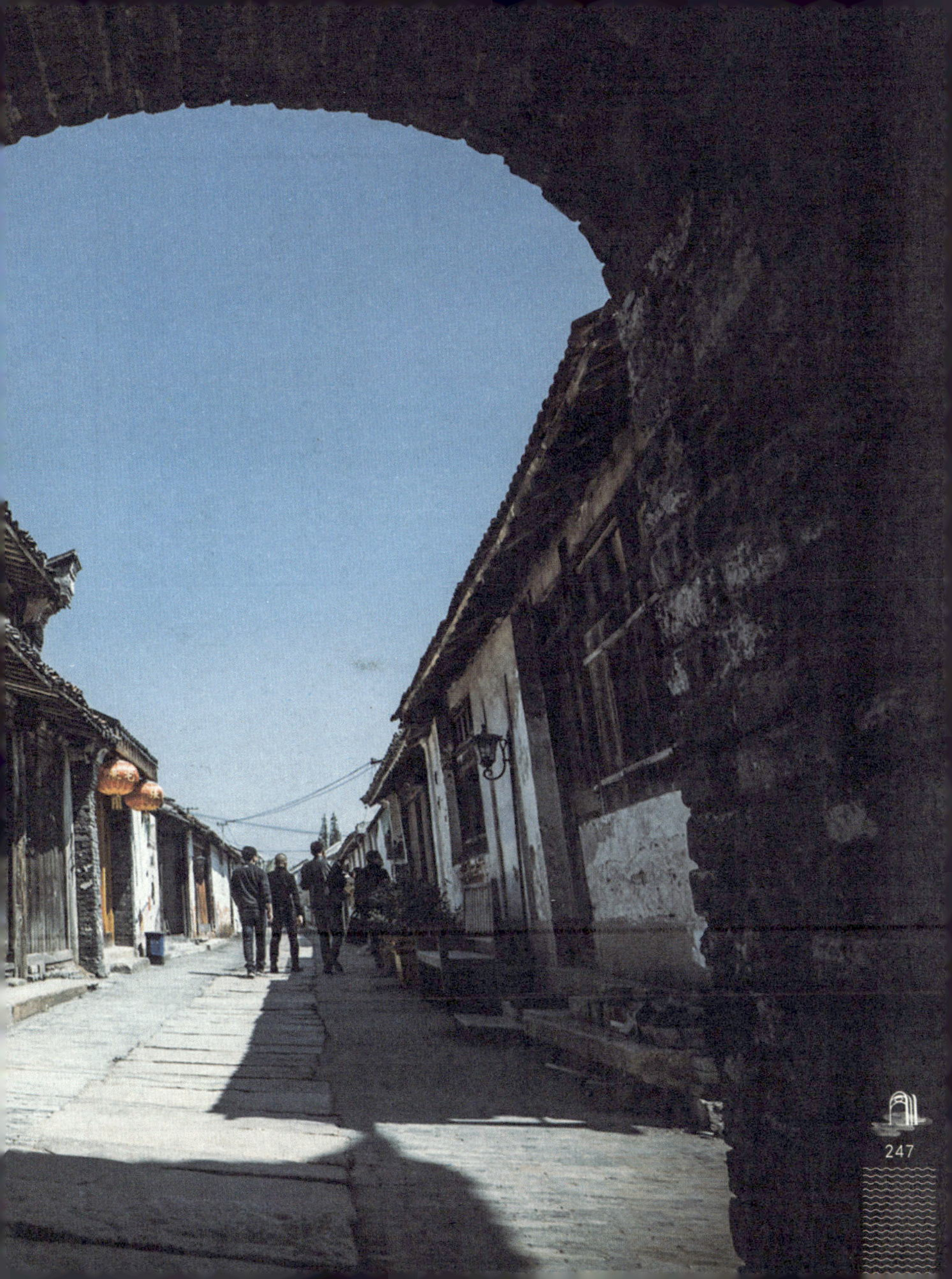

崔桐曾参与《武宗实录》等书的编修，有《东洲集》二十卷和《东州续集》十卷等传世。南通博物苑还存有崔桐的书法。嘉靖十五年（1536年），在回乡为母守孝期间，受海门知县吴宗元的委托，崔桐编写了《嘉靖海门县志》，较为详尽地记载了海门的政治、文化、风俗，为家乡留下了宝贵的文化财富，是今人研究海门历史的重要文献。

崔桐一家五代为官，这一家人有个共同的特点，就是清正廉洁，在民间传为佳话。崔桐曾经自我评价："奉职太愚，自处太高，操持太执，语言太直"，这正好道出了崔氏一门的人格特点。

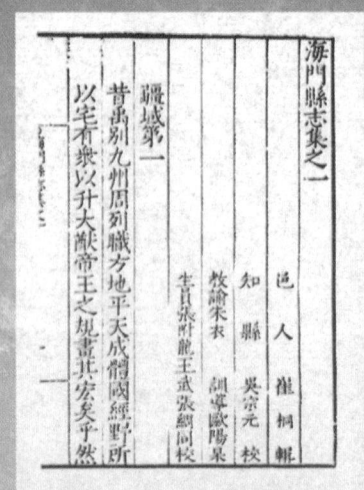

崔桐主持编撰的《嘉靖海门县志》

在浩瀚的历史长河里，海门南部因坍江、海潮等诸多原因，县城曾数度迁址，而处于海门县城北部的余东等地却形成千年而未有改变。人杰地灵的余东古镇，在宋代为范公堤之南端，元代为两淮29盐场之一——这让余东的历史自唐代以来未曾中断过。

余东崔氏有两支，一支"北崔"，为宋代从北方迁入；一支"南崔"，为元末明初，为躲避战乱自苏州阊门渡江逃难至此。崔桐在为族谱所做的序中提及："吾宗自赵宋南度至今，世居海门。"由此可见，崔桐的祖先来自宋朝的中原地区。

崔桐原来家住余东镇西北方向的殷忠村，由于该地西靠长江北靠海，连年遭受水患，房屋遭到了严重破坏。崔桐曾赋诗云："十年乡梦白云涯，归日残墟欲泛槎。"可见，崔桐在归乡省亲时故居已成鱼龙之地。

地方官为了保障崔家的生命财产安全，将崔府迁至余东城内的十八弯巷（又称和善里，今解放路100弄4号）。今天，当我们走进崔桐故居时，惊喜地发现，这里现在的主人居然是崔桐的第二十二世孙。他告诉我们，横卧在屋檐下的门枕石和条石就是当年的遗物。

关于这座老宅，还有一段佳话，向人们展示的是崔桐的豁达与磊落。那时候，崔家的旧宅是一座一进三堂、四关厢的院落，巍峨雄伟、气派非凡。一天，在京为官的崔桐收到家中妻子的来信说，东边人家建房欲超前三尺，这在当地被称为"青龙角"，据说会坏了自家的风水，希望崔桐接信后马上回家制止。崔桐看完信后哈哈一笑，随手写了封回信："千里捎信只为房，不禁使我笑断肠。哪家没有左右邻，管它青龙又何妨？"

嘉靖二十八年(1549年)，崔桐告老还乡，时年72岁；嘉靖三十五年(1556年)病故，享年79岁。余东古镇的十八弯巷便是他的终老之处。只是，当年的舞榭歌台总被风吹雨打去，那深深庭院也早已消失在历史的尘埃里……

余东古镇上的崔氏门枕石

丁有煜的朋友圈：
为"外八怪"点赞

诗画海门，在清代有个杰出的代言人，他就是诗书画印全能的"外八怪"丁有煜。

丁有煜（1683年—1764年），字丽中，别号狂竹园丁、秋空一鹤等，晚年自号"个道人""个老人"。丁有煜祖居海门，清康熙十一年（1672年），海门坍没于江后，迁至永安乡，后徙徐涧，时为海门乡驻地。丁有煜才学过人，诗、古文辞、水墨画、篆刻无所不精，是一位和"扬州八怪"齐名的重量级书画大师，有"外八怪"之誉，不仅是当时地方诗坛盟主，也是江淮地区印学流派——东皋印派的代表人物。

丁氏家族乃古海门名门世家。丁有煜的祖父丁国宝精通医术，救死扶伤而且不计报酬，因他爱菊，病人痊愈后常赠菊花以谢，清代名臣张玉书为其寓所题名"菊隐"。丁有煜之父丁腹松，为康熙四十二年（1703年）进士，曾任陕西省扶风县知县，颇有政声，入祀扶风名宦祠，晚年归隐通州军山，著有《左山藏稿》十卷。

丁有煜是丁腹松长子，因出身书香世家，幼时便在父亲的教诲下，勤学诗文，并曾入太学受业。

地方志中记载，丁有煜在书画篆刻等多个领域出类拔萃，于地方诗坛"主盟四十余年"。40多年的地方诗坛盟主，风格自成一派，丁有煜的诗质朴浑厚，颇受世人赞誉，选有《双薇园集》《双薇园续集》和《与秋集》。然而三部诗集在乾隆四十七年（1782年）的文字狱中，均遭禁贬，全部遭到焚毁。《清代禁毁书目》只列集名，但未注禁毁原因。据说《四库禁毁书丛刊补编》中收有《双薇园集》五卷、《与秋集》二卷。

丁有煜的水墨画多为怡情寄兴之作，题材以梅兰竹菊四君子居多，尤擅画竹。因为"竹不离个"，因而自号个道人。丁有煜久处乡野，终身不仕，因此其书画追求个性解放、善于创新，反对墨守成规，笔墨技法受明代画家徐青藤和通州人顾聪的影响，与金农、黄慎、郑燮、罗聘等人交往甚频，其画风与"扬州八怪"相融，就其成就而言，绝不在八怪之下，但因其僻居江东一隅，书画在当时流传不广，兴许是不善炒作吧。

有人说，"郑板桥画竹，自竹叶声中听民间疾苦之声；汪士慎画竹，推崇竹君之虚心；丁有煜画竹，则立意于竹子高洁孤傲之气节。"南通博物苑藏有《墨竹图册》，正是乾隆五年(1740年)丁有煜年近花甲时所做的墨竹册。该图册多为水墨写意小品的速写，构图大胆灵活，和题识印章相得益彰，笔触苍劲寥寥，几笔便勾勒出意境，"如金削管，如铁铸叶"，笔重在写意而又不写实，得其神似而又不失形似，其墨竹"石从海上得，竹从胸中来"的自题，正诠释了胸有成竹的意义，郑燮曾为画册题"以书为画"四字。

　　丁有煜笔下的折枝梅花凌霜傲雪、超凡脱俗，俨然是作者高洁人格的象征。"扬州八怪"中李方膺的画梅风格与丁有煜相近。李方膺与丁有煜高山流水，笔下的墨梅也深受丁有煜的影响。据周积寅的《郑板桥年谱》中记载，郑板桥32岁时曾为学习画梅专程拜访过丁有煜。

　　丁有煜的"朋友圈"是一个值得探讨的话题。他在世时名满江东，与"扬州八怪"成员常有来往，和郑燮、黄慎、罗聘等均交往甚密，与通州老乡李方膺更是莫逆之交。目前有关李方膺的生、卒年及一些生平事迹的考证，都需依赖丁有煜的著作才能得知。现在我们考证丁有煜现存的著作及艺术作品，从丁有煜友人的著作相互查证推衍，可以考订出他的个人生平，并厘清他和扬州画家及当时文人的来往情形。

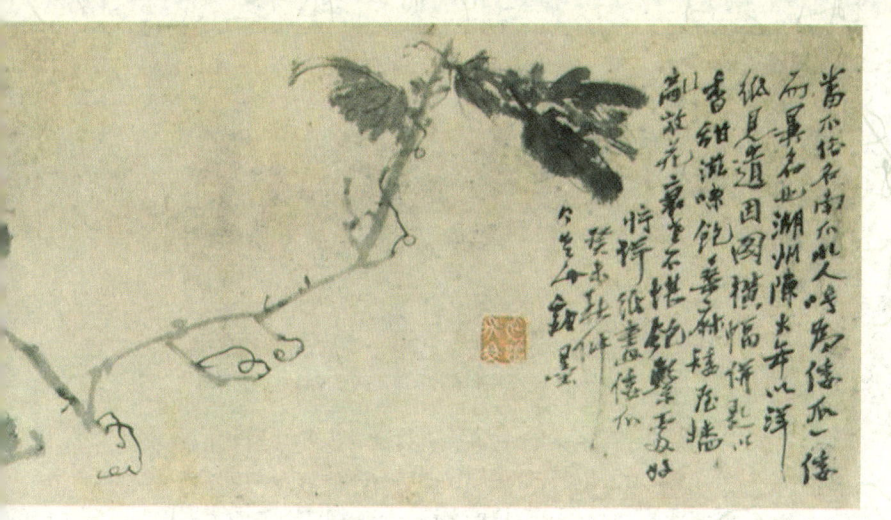

丁有煜作品

　　南通博物苑所藏黄慎所作《丁有煜坐石图》，就与当时多位大咖相连。丁有煜晚年因足疾谢绝酬酢，日常生活依靠书童孙柳门照拂。孙柳门对丁有煜忠心耿耿，一直渴望能得到一幅丁有煜画像以为千秋供奉。乾隆二十年乙亥（1755年），扬州八怪之一的黄慎造访如皋丰利文园（今属如东）。孙柳门获悉，修书求黄慎为丁有煜画像。黄慎欣然提笔，其时，黄慎与丁有煜素未谋面，便依据孙柳门的描述，为74岁的丁有煜创作工笔素描肖像《丁有煜坐石图》。这幅画的用笔比黄慎平常作品慎重，画中人物神形兼备，为其人物肖像中不可多得的精品，曾被《中国古代书画图目》著录。当时丁有煜本人见后甚是满意，在卷后题识并附《自传》一诗。

　　乾隆二十四年（1759年），郑燮寓居于如城、白蒲等地。第二年，郑燮寓居通州，居住在秦灶保培基之井谷园。孙柳门听闻这一消息，转请李方膺的书童郝香山，持《丁有煜坐石图》，求郑燮题跋。郑燮感动于孙柳门对丁有煜的忠心，欣然挥毫"好藏之"三字，且附题，"郝香山，晴江李公之侍人也，宝其主之笔墨如拱璧，而索题跋于板桥老人。孙柳门，又个道人之侍人也，宝其主之笔墨与香山等，而又摹道人之照而秘藏之，以为千秋供奉，其义更深远矣。用题28字：'嗟予不是康成裔，羡此真成颖士家，放眼乾坤臣主义，青衣往往胜乌纱。'板桥郑燮识。"钤"七品官耳"印。

253

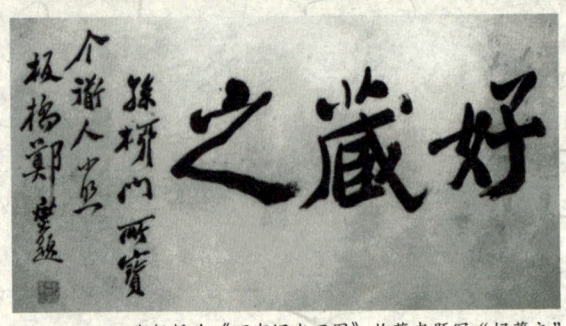

郑板桥为《丁有煜坐石图》收藏者题写"好藏之"

　　同年九月,大才子袁枚由金陵来如皋小住。他本打算由如皋前往拜访丁有煜,因故未能成行。就在此时,孙柳门转请郝香山携《丁有煜坐石图》请袁枚作跋,袁枚便欣然应允,在卷末题长篇韵语和后记:"庚辰九月小住如皋,慕崇川个道人名,欲访未成……未见先生于山中,先见先生于画中,何缘之奇也",表达了自己对丁有煜为人和才华的仰慕之情。他还写道:"晴江久去芙蓉城,南庐新归白玉京,剩此灵光鲁典型,空青落落孤晨星。"诗中所言"晴江""南庐"即李方膺、刘名芳,芙蓉城、白玉京乃暗喻二人离世。

　　一幅《丁有煜坐石图》,关联了丁有煜、黄慎、郑燮、李方膺、刘名芳、袁枚六位名家。这是丁有煜的朋友圈,也是那个时代文人墨客间惺惺相惜、如高山流水般深情厚谊之真实见证。

TIPS

　　丁有煜的父亲丁腹松,也是一个有故事的人。有据可查的是,他是清代大才子纳兰性德的启蒙老师。关于丁腹松为保名节,拒绝大学士明珠(纳兰性德之父)提携的故事,成为有名的道德范例。

个道人

喜得瘿瓢先生为吾造像,大爱之!亦喜其题诗,兹录之:东海高贤个道人,贻书索我为传神。须眉宛若难谋面,千古相思在结邻。古稀垂老之人,获此墨宝,足慰平生。

1时辰前 崇川·双薇园

♡ 孙柳门,郝香山,瘿瓢子(黄慎),郑板桥,保培基,袁枚,罗聘

瘿瓢子:神交已久,缘悭一面,能为个老写生,实为幸事!
个道人回复瘿瓢子:深谢大师,下回来通,一定要到双薇园一聚
瘿瓢子回复个道人:🤝
袁枚:未见先生于山中,先见先生于画中,何缘之奇也
个道人回复袁枚:久闻贤弟大名,画中人在山中恭候🤝
郑板桥:秋风秋雨双薇树,江北江南个道人👍
个道人回复郑板桥:板桥先生过誉。老朽足疾日重,不便行动,贤弟何时再来崇川?
郑板桥回复个道人:定当前来拜访,明年开春约起
郝香山回复郑板桥:郑老师,我家李公遗作数幅,想请您老题跋,不知可否
郑板桥回复郝香山:晴江李四哥遽然仙逝,太匆匆!板桥来通时将赴十八里河口祭拜,到时你持画来
个道人回复郝香山:🙏
罗聘:向个老请教一下,我在编新一期《淮左艺苑》,其中一稿写到您老家乡,是海门还是崇川?
个道人回复罗聘:罗公子好!老朽祖居海之门,旧屋坍江后举家迁至崇川福地,两地均为吾乡!

垦出一个新海门，
请叫他"大清垦王"

史学大家吴廷璆的统计指出，整个清代具有千顷以上土地的仅有4户，即和珅、百龄、陈朝玉、陈元龙。

这是一个值得品味的大清田产排行榜。"千顷四强"中，朝廷高官和珅8000顷，广东巡抚百龄5000余顷，浙江平湖官员陈元龙1000顷。这三位，都是官僚型富豪，他们的田产多靠兼并侵占所得，其中和珅更是千古巨贪。唯有拥有1000顷的陈朝玉，是一位普通百姓。他的每一寸田地都是50多年在海门沙地上亲垦所为，由此，被民间称为"平民垦王"。

清康熙二十七年（1688年），陈朝玉出生于崇明。康熙年间，曾经坍毁江中的千年古海门复涨成沙，广阔平整，绵亘200里。住在崇明西沙的陈朝玉隔水眺望，感慨地说，"我要在这里居住啊！"遂立志开垦这片沙地。当时的陈朝玉不过是17岁的年纪，就带着成婚不久的妻子刘氏踏上海门沙地，开始了男耕女织的拓荒之旅。

陈朝玉夫妇渡江开垦的最早落脚点是海门三角沙，也就是现在的万年西北部。陈朝玉搭建茅屋栖身，伐木除草垦荒，披星戴月开垦出三角沙万亩，带来了崇明等地众多江南人北来垦荒。陈朝玉自己转移战线，又西进东天补沙，再开西补沙、裙带沙，在东西近百里沙洲上，分别建造了东、中、西三宅九院，安营扎寨向四面拓荒。

陈朝玉一生亲垦荒地15万亩，又带动和帮助大批江南移民垦沙30万亩，获

得乾隆皇帝赐匾嘉奖,赐予五品官服。此前已经被取消了"县籍"的海门,终于"卷土重来",乾隆三十三年(1768年),朝廷在这些新垦的土地上建海门直隶厅,设治于茅家镇。海门人都称陈朝玉为"田祖"、"先农"、"先啬",经上报朝廷批准,海门人捐资为他建造了"海门先农坛"以资纪念。每年春天开耕,海门厅官员带领官府人员及民众在此举行开耕纪念仪式,以祈风调雨顺。

陈朝玉垦田致富后,以"欠租不追交,垦地对半分"优惠佃租垦荒,乐意帮人助垦共富,深得众人欢喜拥戴。他办私塾、文昌阁教育事业,让平民百姓的孩子也能读书。对于走仕途的子孙,他立下家训:"得一文私赃者,不许归。"他还支持儿女办养老院、育婴堂、施粥坊等慈善事业,女儿刘陈氏捐资建造了师山的庙宇、亭榭,成为海门的一大胜景。陈朝玉还创新农耕方式,率领乡民培育了海门山羊、芋艿、河蟹、枇杷等优良品种,让海门人成为"田精明"。

在海门垦殖了半个多世纪的陈朝玉,72岁那年随儿子迁往苏州吕公桥,两年后安然辞世。多年以后,内阁中书、文学家龚自珍特为其亲撰碑文,这就是《海门先啬陈君祠堂碑文》。虽然龚大作家写这个碑文也是受了在朝为官的陈朝玉后人所托,但这篇传世的佳作绝不是"软文"。龚自珍是带着感情来写陈朝玉事迹的,将陈老塑造成神一般的男子,为的是烘托出"以大旌于海滨,且以劝田"的中心思想。

清末状元、实业家张謇为开创农垦实业,曾专访陈朝玉事迹以借鉴,连夜撰文《龚定庵海门先啬文书后》,盛赞陈朝玉:"伟哉!伟哉男子!"不过作为海门本地人,张謇对陈朝玉的了解显然超过龚自珍,在这篇文章中张謇也写出了陈朝玉的一些缺点,给世人展现了一个更真实的民间英豪形象。

TIPS

★为纪念陈朝玉的非凡业绩,有关单位在336国道与常九公路间的"智谷绿海"复建了海门先农坛。内设陈朝玉事迹馆、海门农耕史馆、海门民风民俗馆、海门土布艺术馆、儿童游乐活动馆。这里成为陈氏后裔及海门人对陈朝玉的瞻仰纪念地、青少年教育基地,与天籁枇杷古园联成一体,是乡村文化旅游的一方宝地。

他的一曲《十面埋伏》，赢得中山先生点赞

海门城东，黄海路、民生路口西南侧，过去有座远近闻名的大宅子——沈源泰宅。名宅出名人，1858年，中国近代著名的琵琶大师、民族音乐家沈肇州就出生在这里。

沈肇州，名其昌，字肇州，号绍周。他的别号聆音散人，在音乐江湖上流传更广。

沈家世代经商，沈肇州的父亲沈国柱掌握船运，却希望孩子从小读书，走科举之路。沈肇州从小努力，22岁那年应乡试中了秀才。但他的天赋更多表现在音乐上，其父也顺其自然，在肇州十二三岁时，从崇明请来两位民乐高手来辅导他。相当于现在的家长，除了抓孩子学习成绩，还给报了学费不菲的兴趣班。

崇明古称"瀛洲"，其琵琶艺术被称为"瀛洲派"，自康熙年间即已形成。到海门来给沈家做辅导老师的这位琴师，正是瀛洲派传至清末的代表人物黄秀亭。黄秀亭之后，瀛洲派分为两个支流：一支传向上海、苏州，另一支则经过海门沈肇州的发扬光大，传于南通、南京，再由天才音乐家刘天华传至北京。

天有不测风云，沈家船队连续遭到狂风袭击，货物、船队均沉没于海，盛极一时的"沈元泰"商号从此由盛转衰。沈国柱当年的远见这时发挥了作用，沈氏后人很多已经转向文化教育领域，家族由富商之家转型为书香门第。沈肇州的秀才身份，帮他谋得一份教书的职业，在海门久隆镇等地私塾当门馆先生。他自幼习得的琵琶

沈肇州用过的琵琶

技法，也一直勤练不辍，边从教边研究琵琶艺术，积数十年之功终成大器。

沈肇州艺术生涯的高光时刻来得有些晚。1916年，沈肇州以"曲有所本，法有所取，流传于以不坠"之愿，编辑了琵琶曲集《瀛洲古调》。

《瀛洲古调》收慢板22首、快板17首、文板5首及武套大曲《十面埋伏》，这是继《华氏谱》及《李氏谱》后中国第三部印刷的琵琶谱本，为瀛洲派古调的发扬承传提供了翔实的理论和曲谱资料。一册《瀛洲古调》，是沈肇州毕生钻研的成果，标志着他成为这一流派的代表人物。

1917年，年近花甲的沈肇州走进了新式学堂，经张謇所办的垦牧公司经理黄丽生介结，去通州师范担任国乐教师。

翌年，一次文友聚晤时，沈肇州弹曲助兴，闻者无不为感。张謇的得意门生、南京高等师范校长江谦先生也在场，为其题写了"闻声知道"四字条幅，并力邀其赴校开设琵琶专科。南京高等师范后改名为东南大学，沈氏继续留任，同时还兼任河海工程学校等学堂的国乐教师。

1918年秋，孙中山先生慕名邀请沈肇州到上海的莫利哀路29号寓所晤谈并演奏。孙夫人亲自沏茶，热情招待。沈肇州先奏起一曲《飞花点翠》。一曲既罢，请再弹一曲，他又续弹《十面埋伏》。中山先生听罢兴奋地说，"吾认为中乐为本，西乐为用，琵琶是中华民族的乐器，也称国乐，是祖国一种瑰宝"。并连连点赞，"吾从未听到像你这样清脆、高雅出神的琵琶，堪称绝技。"从此，琵琶大师的美名不胫而走，各方习艺者纷沓而至肇州先生处求教。

南通徐昂所著《聆音散人传》

1920年，上海英商百代公司特请沈肇州前去录制了琵琶独奏曲《汉宫秋月》、《昭君怨》和《十面埋伏》三首，这是中国音乐史上最早的琵琶曲唱片。

被誉为中国近代民族音乐一代宗师的刘天华，曾专门从常州到南京拜沈肇州为师，学会了全套"瀛洲古调"。后来刘天华去北京大学音乐传习所任音乐教授，瀛洲派琵琶艺术传到了北方。刘天华的兄长刘半农也称赞《十面埋伏》"沉雄奇伟，变化万千"。刘天华录制了《飞花点翠》《歌舞引》两首琵琶曲。

南通籍音乐家、梅庵琴社创始人徐立孙是沈肇州的另一位传人，他编著的《梅庵琵琶谱》完整地流传至今。

1924年，肇州先生体衰辞职，告老返乡，居沈元泰宅的"旱船头屋"，把"以琴会友"视为乐事。七十大寿时还与弟子徐立孙对弹琵琶曲。不久先生染痼疾，于1929年农历二月初八日的疾风骤雨中，溘然长逝，享年72岁。家人整理遗物，除一把琵琶外，仅存几本曲谱及几册旧书。

如今，为了纪念琵琶大师沈肇州，在沈源泰宅原址附近，一个以沈肇州及其音乐为主题的文化公园已经初见雏形。根据规划，公园内建有一座肇州艺术馆，而艺术馆前，将竖起一座沈肇州雕塑，供后人瞻仰艺术家的风采。

沈肇州雕塑的设计者，是在上海工作的海门籍美术家赵启明、赵楷父子。赵启明是国内画刻名家，他是第五套人民币10元券"长江三峡"图案的雕刻师；赵楷是著名钱币设计师，因多次设计中国熊猫金币而受到收藏者喜爱。赵氏父子曾设计创作了雕塑《风雨同舟》，成为上海一个具有国际纪念意义的地标。此次他们为家乡先贤塑像，雕像的每一个细节都反复琢磨。沈肇州手持琵琶的镂空设计，极具创意，一代大师的空灵之气，与天地融合在了一起。

沈肇州雕塑效果图

TIPS

★肇州园是开放式绿地，结合公园文化、城市配套功能主旨。其中，核心部分主要包含沈肇州艺术馆及内庭、飞花点翠园（海棠园）、肇州户外音乐剧场、沈肇州雕塑、音乐旱喷文化广场。

海门王个簃，
昌硕传人别开生面

"张謇故里，诗画海门。"这是海门的文旅推介词，这其中的"画"，特指清代的"外八怪"丁有煜和现代著名书画家王个簃。

1923年8月1日，适逢书画界泰斗吴昌硕先生八十寿辰。这天，在他位于上海山西北路吉庆里寓所的一间屋子里，挂满了全国各地书画家们向缶翁（吴昌硕别号老缶、缶道人）祝寿的诗文书画，这当中就有青年王个簃的一幅画作。

就在这一天，在南通书画家、翰墨林书局经理李苦李的引荐下，王个簃结识了吴昌硕——这是这对师徒的第一次晤面。吴昌硕在诗书画印方面的艺术成就早就令王个簃心仪已久，而这次见面让他下定决心，今生一定要拜吴昌硕为师。

王贤，号个簃，1897年出生于海门三星镇，祖父和父亲都是当地有名的读书人。受家庭的影响，王个簃自幼便笃好诗文，对于书画艺术更是到了痴迷的程度。16岁那年，王个簃考上了南通中学，从此离开了自己的衣胞之地。毕业后，进入南通城北高等小学（今实验小学）担任国文老师，闲暇之余常和同道一起吟诗、作画、刻印、抚琴。

为了心中的执念，回通不久，王个簃毅然辞去了待遇不菲的工作，离开妻儿，带着简单的行李和一张古琴独自来到上海，通过堂兄的关系住进了其就职的小学宿舍，过起了艰苦的寄居学艺生活。

王个簃行书

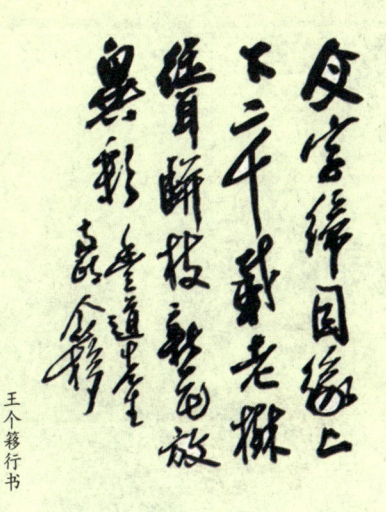

1925年元宵节，吴昌硕府上张灯结彩、红烛高燃，缶翁为孙子吴长邺聘请家庭教师的拜师仪式郑重举行。在父亲吴东迈的带领下，吴长邺手持门生帖子，恭恭敬敬地向坐在正中的老师行了叩首大礼。吴昌硕递过一把戒尺，对老师说："顽孙若有不可教处，可用此尺戒之。"那位家庭教师，就是年仅28岁的王个簃。

吴昌硕打算给孙子物色一位人品、学问俱佳的家庭教师，他的学生刘玉庵推荐师弟王个簃，说此人精通诗词古文，既做过老师，如今又单身住在上海，是最合适的人选。吴昌硕对王个簃的才华已经有所了解，遂正式提出邀请。从此，王个簃便以"西席"的身份住进了吴家，成为吴昌硕的入室弟子。在吴昌硕的教育指点之下，王个簃的艺术造诣更上一层楼。

1926年，王个簃的两幅国画作品《刀鱼》、《瓜菱清暑》被选上参加在伦敦、柏林举办的中国绘画展览，前者获奖，后者由德国东方博物馆收藏。

王个簃是吴昌硕一生最为得意的传人，其画风深得吴氏精髓，继承了"重、拙、大"的绘画特点，并吸取了徐青藤、陈白阳、八大山人、石涛等明清诸家之长，另创新意，形成了自己隽秀、清润的艺术风格。

他的国画创作擅用篆籀之笔，写意花卉常以日常生活中所见到的山石、葡萄、石榴、松柏、水仙等为创作题材，尤精藤木花果。在王个簃的作品中，紫藤等藤本植物是他最常见的题材。他画的紫藤以大笔画出主干，再通过用画笔的中、侧、偏、顿、挫的变化描画，形成了笔墨浑厚刚健、潇洒遒劲的风格。王个簃喜欢将紫藤比作明珠，比如"翠盖明珠""明珠滴露""紫玉明珠"等都是他曾经创作过的作品。

王个簃用笔浑厚，却又静蕴含蓄，他行草书在不经意间见精神，篆刻则在平实中求生动，苍厚浑朴、拙中有奇。及至晚年，更是放笔直写，书画更臻老境，尤富天趣。王个簃还精于诗文，一画既成，诗也差不多同时拟好，画成诗随，配之书法，相得益彰。

在七十余年漫长的艺术生涯中，王个簃全面继承和发展了吴门画派艺术，但是，他师吴而不囿于吴，通过自己的探索创新，开创了新的风格。

王个簃作品

  吴昌硕曾在王个簃 31 岁时所作的《龙幻画》上欣然题诗："猛笔个簃临大涤，题诗老缶碍秋毫。涛声浩浩天风落，聊当滹沱一战鏖。"并题跋曰："个簃大弟泼墨处，浑穆生动兼而有之，时鲜有其人，缶亦当退避三舍。"这是吴大师对自己的衣钵传人高度的赞许。沙孟海先生称王个簃"下笔开生面，垂名动万年"。
  上世纪 80 年代初，王个簃开始冲刺他的艺术巅峰，坚持以弘扬传统文化和民族精神为己任，立足固本，从文人画笔墨传统中求创新求发展，融贯古今。他 85 岁以后的作品面目一新，风格独特，精妙逼人，开辟出一派源于吴昌硕而又不同于吴昌硕的笔墨设色新境界。
  王个簃还是一位美术教育家，在吴昌硕去世后，曾任上海新华艺术大学、东吴大学、昌明艺术专科学校教授，上海美专教授兼国画系主任。新中国成立后，任上海画院副院长、名誉院长，西泠印社副社长，为全国政协三、四、五届委员。
  作为一位诗书画印的全才，王个簃为后人留下了许多宝贵的艺术珍

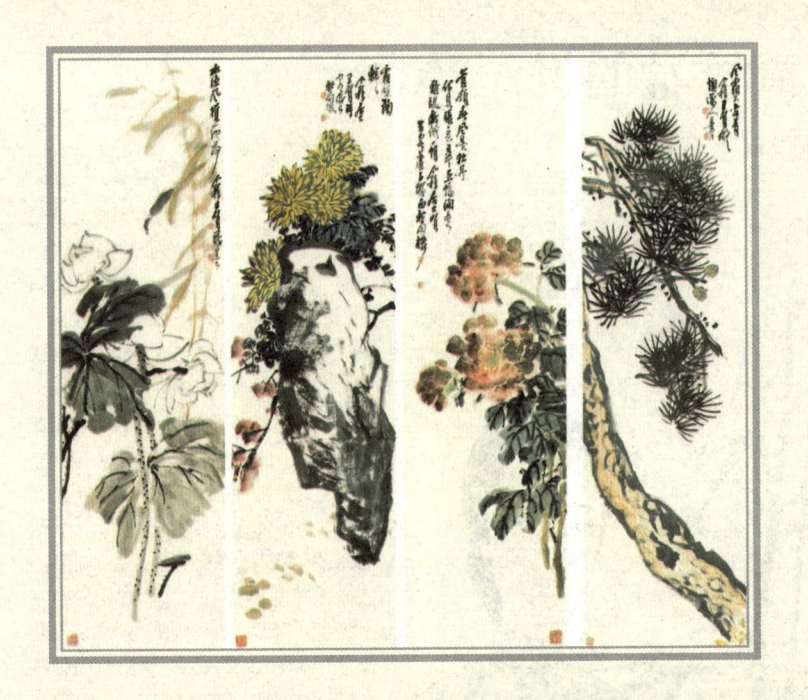

品。同时,他的爱国爱乡情怀更是垂范艺林。1983年,他在86岁高龄时加入了中国共产党,一时传为佳话。王个簃还十分关心家乡建设,晚年常在书画作品中落"海门王个簃"的款识。1984年6月,在阔别40年后,他以87岁高龄率儿孙回故里省亲,并向政府赠送了他的许多书画作品。

王个簃对祖国的和平统一极为关切。1988年10月,江苏省举办"海峡两岸江苏书画家作品展览",他抱病写下"统一祖国,振兴中华"的条幅——这成了他一生中的绝笔。

1988年12月18日,王个簃因病在上海逝世。临终前,他将耗尽一生心血收藏的数以百计的古代绘画和吴昌硕书画精品、手稿捐献给了国家。遵照他的生前遗愿,他的后人还将他的222幅书画、54件藏品、34件遗物赠送给了家乡,这些宝贵的遗存现在珍藏于南通文峰塔下的个簃艺术馆内。

董竹君的世纪传奇

有一位祖籍东灶港的海门女儿,她的故事成为世纪传奇。

1900年正月初五,在上海一条逼仄的弄堂里,黄包车夫董同庆的大女儿呱呱坠地。谁也没有想到,在此后近一个世纪的岁月里,这个女孩儿书写了一段跌宕起伏的人生传奇,成为中国近代女权运动的先驱。

这个女孩儿名叫董竹君,祖籍东灶港镇闸桥村,其父26岁时赴上海谋生。虽然家境贫寒,但是,董竹君的父母思想却十分开明,他们认为,唯有读书才能改变穷人的命运。因此,8岁那年,董竹君被送进了私塾。

然而,好景不长,12岁那年,父亲不幸染上重病,高昂的医药费使这个家庭濒临崩溃,巨额的高利贷更是直接将他们推向了万丈深渊。无奈之下,父母忍痛以学唱戏之名将董竹君送进青楼,抵押三年时光换回了300块大洋。

那时候,很多女子一旦身陷青楼,就会一步一步走向堕落,但有着一身傲骨的董竹君却不肯屈服于命运。当老鸨逼迫她卖身时,她拿起匕首对准自己的脖子厉声说道:"要我从你,除非我死!"面对软硬不吃的董竹君,老鸨气得直咬牙,却也无可奈何。

民国的风月场中,除了寻欢作乐的酒色之徒外,还有一些反政府人士,为了避人耳目,常常躲进青楼开会议事。

在这群青年才俊中,董竹君遇到了改变她一生命运的人——革命党人夏之时。

因为爱情,1914年,董竹君逃出魔窟,与夏之时结婚。婚后不久,由于时局动荡,他们不得不远赴日本。在那里,董竹君进入东京女子高等师范学校读书。1915年,夏之时奉命回国担任四川都督,董竹君独自留在日本继续求学。1917年秋,董竹君毕业后,原本打算赴巴黎留学,但在丈夫的一再坚持下回到四川。

叹红尘多作弄,董竹君本希望从此可以过上神仙眷侣般的生活,却因为夏之时在1919年派系斗争中的失利而化为泡影。由于被解除了公职,失意的夏之时染上了赌博和吸食鸦片的恶习,甚至于后来发展到对董竹君实施家暴。在苦闷的心境下,董竹君却自强不息,她先后开办了织袜厂和黄包车公司,后因市场萧条而破产。

1929年,身心俱疲的董竹君离开夏之时,带着四个女儿回到上海。最初几年,因为生计没有着落,董竹君去得最多的地方就是典当行。但是,这一切都不能让她向命运低头。1930年春末,董竹君办起了群益纱管厂。可是,1932年1月28日,她的企业在日军的炮火下毁于一旦。

命运的一次次不公和打击依然不能使董竹君改变初衷,1935年,在四川商人李崇高的资助下,董竹君创办了锦江川菜馆。从选址到装修,她都亲力亲为。由于菜馆采用了中西合璧的风格,深得上层社会的欢迎。这年3月15日,锦江川菜馆正式挂牌当天便赢得了满堂彩,此后,无一日不是客满。当时上海滩上的头面人物都是这里的常客,军政要员也经常出没于此。1936年,喜剧大师卓别林造访上海时,还曾在梅兰芳的陪同下到此品尝了香酥鸭子。

一时的失败并不可怕，只要有奋起直追的勇气，总会迎来曙光——董竹君的成功正是对这句话做出的最好诠释。锦江菜馆开业第二年，董竹君又创办了锦江茶室，这个茶室聘请的服务人员都是有一定文化的女性，董竹君是想通过这一方式帮助她们实现经济的独立，从而不再依附于他人。

　　董竹君不仅是一个有头脑的商界精英，在她的内心还埋藏着很深的家国情怀。早在抗战期间，锦江川菜馆就是地下党的秘密联络点，董竹君帮助他们打掩护，还利用自己的影响力营救了许多革命志士。1949年5月，中共上海地下党负责人根据周恩来、李克农的指示精神，展开了营救民主人士张澜、罗隆基的工作。在这次行动中，董竹君立下了大功。

　　多年以后，有一次在人民大会堂宴请董竹君时，周总理给予了她这样的评价："这些年来，你为党做了不少工作。一个人革命不容易，一个女人革命就更不容易。"

　　1951年，公私合营时，董竹君主动把当时价值3000两黄金的锦江菜馆、锦江茶室和自己积攒多年的15万美金全部奉献给了国家，于是便有了后来的锦江饭店。饭店所有权归人民政府，但是，董竹君仍担任董事长、顾问等职务。在她的苦心经营下，锦江饭店成为国际国内知名餐饮馆，曾接待过许多党和国家领导人，以及300多位外国元首。

　　对于家乡，董竹君始终是怀有深厚情意的。在她创办锦江菜馆之后，先后接纳了20多位来自东灶港的老乡。其中，最有影响的就是后来和平饭店的总经理东林发和曾在钓鱼台国宾馆当过厨师长的成阿荣。

　　据成阿荣回忆，他21岁那年准备回老家结婚，便到董竹君家中辞行。当时正是抗战时期，董竹君一边嘱咐他路上当心，一边让保姆用红纸包了10块银元给他作贺仪。成阿荣说："那时候的10块大洋可不是一个小数字啊。"

　　董竹君后来曾连任七届全国政协委员，晚年居住在北京。有一次，已在钓鱼台国宾馆工作的阿荣师傅去看望董竹君，可是却被她的身边人员

董竹君自传《我的一个世纪》

电视剧《世纪人生——董竹君传奇》

告知：董老身体不好，任何人一概不见。于是，成阿荣便说："你们跟她讲一声，我是老锦江来的，叫阿荣。"董竹君听到是阿荣师傅，马上让他进去。那一次，他们用乡音整整聊了三个小时。

1997年12月6日，在自传《我的一个世纪》出版后不久，董竹君，这位出身贫寒、经历坎坷的传奇女性走完了她辉煌的一生。她的墓志铭上镌刻的是她自己的一段话：

我从不因被曲解而改变初衷，不因冷落而怀疑信念，亦不因年迈而放弃信念。

竹君主动父出原锦江两店全部产业

新中國第一家國賓館

锦江饭店隆重开业

一九五一年六月九日

话剧《锦江传奇·董竹君》剧照

陆侃如与冯沅君：
文坛双星一世情

这是现代文学史上的一个有趣的小插曲，发生在 1935 年的巴黎。

一位年轻的中国学者，在法国巴黎大学文学院博士资格答辩上，面对众多考官严苛的提问，始终镇定自若，对答如流。答辩会快要结束时，一位教授突然问道：**"《孔雀东南飞》，为什么要向东南飞？"** 这个问题可谓奇哉怪也，《孔雀东南飞》本是一古乐府名，孔雀往哪个方向飞，与内容无必然联系，就是当年的作者再世也说不清楚。只见中国学者面不改色，从容应答：**"因为'西北有高楼'！"**

《西北有高楼》是"古诗十九首"之一，与《孔雀东南飞》略微同时的一首古诗。"孔雀东南飞，五里一徘徊"，"西北有高楼，上与浮云齐。"两首诗的首句连在一起，浑然天成。孔雀西飞之路被阻隔，因而振翅东南飞。一语既出，满堂喝彩。

这个才华横溢的年轻人，就是从海门走向中国文坛的著名作家、学者陆侃如。

陆侃如出生于江苏海门三阳镇普新村的一个爱国士绅家庭，其父系爱国民主人士陆措宜。1920 年，17 岁的陆侃如从南通中学毕业，考入北京高等师范学校。1922 年，陆侃如考入北京大学。

在北大，江东才子陆侃如与河南才女冯沅君成为同学。从相遇的那一刻起，陆侃如、冯沅君这两个名字就紧紧联结在一起了，不仅写下了相伴终身的爱情故事，更成就了中国古典文学研究史上的一对黄金搭档。

冯沅君，新中国第一位女一级教授，出生于河南唐河县的一个书香门第。她原名冯恭兰，与著名哲学家冯友兰和地质学家冯景兰为同胞兄妹。这兄妹三人在各自的学术领域都是领军人物。

1917 年，17 岁的冯沅君考入北京女子高等师范学校，成为中国历史上第一批女大学生。五四运动时期，冯沅君受到伟大运动的感召，将乐府诗《孔雀东南飞》改编成以反封建为主题的古装话剧，并亲自登台演出。该剧连演三天，轰动京城。李大钊全家前往助威，鲁迅先生亦来观剧。

山东大学校园内的陆侃如、冯沅君先生雕像

273

冯沅君在文坛最初引发关注是因为她的小说，被认为是与冰心、庐隐比肩的女作家。她的第一个小说集《卷葹》，就被鲁迅编入了《乌合丛书》，与《呐喊》、《彷徨》等并列。冯沅君出版于1928年的小说《春痕》，以50封情书组成，由女主人公瑗如寄给她的男友璧君，从爱苗初长到摄影定情，前后共5个月。这书中男女主人公的原型就是冯沅君和后来成为她丈夫的陆侃如。

冯沅君和陆侃如的恋爱，是从1926年秋天开始的。当时的陆侃如已是清华大学研究院的高才生，专攻中国文学史，还协助梁启超校注《桃花扇》。他的《屈原》、《宋玉评传》等专著在学术界引人注目。才气过人、英俊潇洒的陆侃如，让比他大3岁的冯沅君一见倾心。相同的专业，共同的爱好，使他们很快就卷入了爱的波涛之中。

1929年11月，陆侃如在上海与冯沅君结婚，从此二人合作研究中国古典文学，成为文学界一段佳话。美满的婚姻，加上夫唱妇随研究中国文学史，冯沅君放弃了小说创作，鲁迅先生对此颇感遗憾。

当陆侃如联手冯沅君，这对文坛伉俪迸发出惊人的能量，很快就呈现出丰硕的研究成果。

1931年，陆侃如、冯沅君合作出版了60万字的《中国诗史》。在此之前，从来没有人写过这样翔实而广博的诗歌史专著。**这是中国古典文学研究史上的一部里程碑式作品**，当年风华正茂的陆、冯，被认为在这个领域具有开山之功。

1932年，二人又合作出版《中国文学史简编》一书。**此书是一部全面系统地叙述中国文学发展史的专著**，后来被毛泽东当作经常翻阅的案头读物之一。此书多次再版，在国内外产生了广泛的影响。

1935年夏，这对夫妇结束了在法国巴黎大学研究院3年的留学，均获文学博士学位。他们回到祖国后，在多家高等学府任教，在纷飞的战火中与学子们一起辗转多地，为国家和民族存续了文化的种子。

新中国成立后，陆侃如和冯沅君在山东大学任教，先后担任过这所高校的副院长。1958年随山东大学迁入济南，这里成了他们人生之旅的最后一个驿站，他们在此著书立说，比翼双飞，实现了白头偕老的梦想。

陆冯二人皆为一级教授，又存有相当数量的稿费，身边无一子女，生活本应是充裕富足的。但他们始终以清贫、节俭为乐。冯沅君曾说过，她向往的就是"一间房，两本书"的生活。冯沅君长兄冯友兰回忆道：1962年，乘工作之便，我曾到他们家去过一次，室内的陈设非常简陋。她喜欢买书，但书架子几乎是用几根棍子支起来的，给人的感觉是住旅馆，好像明天就要搬家的样子。

1974年6月17日，冯沅君走完了她74岁的人生历程。冯沅君逝世前立下遗嘱：夫妇全部存款捐献给学术事业，设立了"冯沅君文学奖"，以鼓励工作者努力献身祖国的文化学术事业。为此，将终生6万元积蓄和2万余册珍贵藏书，全部捐赠给山东大学。

十年动乱结束后，陆侃如期盼能够将被耽搁掉的时光夺回来，向理论研究的更高峰冲击。但无奈病魔来袭，1978年12月1日，陆侃如与世长辞，享年75岁。临终前，将其珍存的全部书籍和近3万元存款捐献给山东大学。

上世纪90年代初，海门市人民政府在悦来镇福山村为陆、冯夫妇建造了墓地。这对光耀文坛的"双子星"，永远长眠于江海交汇的灵秀之地。

2010年，在山东大学迎来110年校庆之际，中文56级校友向母校捐赠了陆侃如、冯沅君先生雕像，以表达对两位大师教诲的感恩之情。

卞之琳：
一阙断章装饰了多少梦

你站在桥上看风景，
看风景的人在楼上看你。
明月装饰了你的窗子，
你装饰了别人的梦。

　　这一首不朽的诗篇《断章》，短短四句，却是现代诗歌史上的一颗明珠。它是风景诗，也是爱情诗，更是哲理诗。许多人都会背诵，不少地方将它镌刻在墙上。

　　《断章》的作者，就是从海门走向文坛的现当代诗人、文学评论家、翻译家卞之琳先生。

　　1910年12月8日，卞之琳出生于海门汤家镇汤西村(今属临江新区)，在江潮毁土迁移、小业主家庭衰败的历程中长大，养成了俭朴厚道、心细谨慎、沉稳多思、铁骨柔情的个性。卞之琳的青少年时代就在这江边小镇度过，曾就读于启秀高小和海门中学，1929年从上海市浦东中学毕业考取北京大学英文系后便离开了家乡。卞之琳漂流在外奋斗一生，却深深地眷恋着家乡，思乡之情时时渗透于他的字里行间。

卞之琳被公认为新文化运动中重要的诗歌流派新月派和现代派的代表诗人。他14岁购读冰心诗集开始作诗，15岁读鲁迅《呐喊》，邮购《志摩的诗》，19岁小说《夜正深》发表于报刊，22岁出版诗集《三秋草》。

卞之琳在北大求学期间曾师从徐志摩，深受赏识。徐志摩不仅将卞之琳的诗歌在其编辑的《诗刊》上发表，还请沈从文先生写题记。因为这段经历，卞之琳被贴上了"新月派"的标签。但他更醉心于法国象征派，并且善于从中国古典诗词中汲取营养，形成自己独特的风格。他的诗精巧玲珑，联想丰富，跳跃性强，耐人寻味。1936年，卞之琳与李广田、何其芳合出《汉园集》，因此三人又被合称为"汉园三诗人"。他还与"雨巷诗人"戴望舒并称"南戴北卞"。

作为著名翻译家，卞之琳的译作《莎士比亚悲剧四种》代表了中国莎士比亚作品翻译的最高成就。他17岁译完《古舟子咏》，19岁译出莎士比亚《仲夏夜之梦》，次年又学第二外语——法语。

"脆弱啊，你的名字叫女人。"鲜有人知道，1958年上译厂推出的经典电影《王子复仇记》的配音版台词，主要就是根据卞之琳的译本整理而成的。要传神地译好莎翁的名句，译者深厚的诗歌功力也是一个重要因素。卞之琳的研究著作《莎士比亚悲剧论痕》，也是中国莎士比亚研究的里程碑。

他是一位红色作家，早在学生时代就参加了革命学潮运动。1938年，卞之琳去延安和太行山区抗日民主根据地访问，并一度任教于鲁迅艺术文学院。此行促成他创作诗集《慰劳信集》与报告文学集《第七七二团在太行山一带》，用笔作武器歌颂了抗日战士和群众。1940年，卞之琳进入西南联大任教，培育革命青年国家栋梁。抗战胜利他为昆明学生"一二·一"惨案发表《血说了话》，哀悼死难者。

1947年，卞之琳赴英国牛津大学做研究员，1949年他回到新中国的怀抱，先后任职于北京大学、北大文学研究所、中国社会科学院外文所等机构，从事外国文学的研究、评论和翻译。他积极参加土改、合作化运动、十三陵水库劳动，为共和国的革命和建设做出了不可磨灭的贡献。

离开海门以后，卞之琳因为辗转多地，很少有机会回乡，回到海门的时间加起来不满半个月。但家乡人每每与他在北京相聚，他总是询问着故乡的人，故乡的事，特别关心长江堤岸的建设。

1983年，当时的汤家乡修志，有人想到卞之琳这个大名人，请其外甥施祖辉执笔写舅舅卞之琳的传记。卞老看后，要求不能用外甥的身份写他的"事迹"，并说"记事实，不作评价""有些揄扬话用不着，也不恰当"。还指出"教授"、"博士"之类头衔不用，只用"卞之琳"或者"卞"就可以。这一切，都符合他低调、严谨的性格。

位于海门临江新区的卞之琳艺术馆

历史却不会忘记这位杰出的文学大师。2000年1月,中国诗歌协会授予卞之琳首届中国诗人终身成就奖。2000年12月2日,90周岁的卞之琳先生离开了我们,但是他的不朽巨作,他的思想火花,成为华夏文学一缕永恒的光芒。

如今,海门已建立了卞之琳研究会,创办了《卞之琳研究》专刊。卞老的故乡临江新区,在玲珑湖边建设了卞之琳广场。三层楼的卞之琳艺术馆,即将成为游客瞻仰游览的一道风景。来到这里,你可以站在桥上看风景,亦可进入艺术馆,细细体悟卞之琳的诗意人生。

TIPS

★《断章》创作于1935年10月。据作者自云,这四行诗原在一首长诗中,但全诗仅有这四行使他满意,于是抽出来独立成章,标题由此而来。

★ 2008年1月,《南都周刊》选出新诗90年十大诗人,分别为:穆旦,北岛,卞之琳,多多,艾青,冯至,海子,昌耀,肖开愚,郭沫若。以1917年2月1日,《新青年》杂志刊发胡适"白话"诗歌8首为起点计,新诗的发展至2007年历经了90个年头。《南都周刊》通过电子邮件向大陆、港台、海外92位当时最活跃的诗人和批评家发放了评选表,经统计得分,卞之琳名列第三位。

【卞之琳诗选】

鱼化石

我要有你的怀抱的形状,
我往往溶于水的线条。
你真像镜子一样的爱我呢,
你我都远了乃有了鱼化石。

雨同我

"天天下雨,自从你走了。"
"自从你来了,天天下雨。"
两地友人雨,我乐意负责。
第三处没消息,寄一把伞去?
我的忧愁随草绿天涯:
鸟安于巢吗?人安于客枕?
想在天井里盛一只玻璃杯,
明朝看天下雨今夜落几寸。

尺八

像候鸟衔来了异方的种子,
三桅船载来了一枝尺八。
从夕阳里,从海西头,
长安丸载来的海西客。
夜半听楼下醉汉的尺八,
想一个孤馆寄居的番客
听了雁声,动了乡愁,
得了慰藉于邻家的尺八。
次朝在长安市的繁华里
独访取一枝凄凉的竹管……
归去也,归去也,归去也——
像候鸟衔来了异方的种子,
三桅船载来了一枝尺八。
尺八成了三岛的花草。
(为什么霓虹灯的万花间,
还飘着一缕缕凄凉的古香?)
归去也,归去也,归去也——
海西人想带回失去的悲哀吗?

施雅风（左三）在希夏邦玛峰
观察冰洞口结构。

施雅风：魂牵梦萦冰川情

海门是一座人杰地灵的教育之乡。海门新河镇（今属余东镇）曾经出过一对科学"双子星座"，兄弟俩都是我国卓越的科学家、教育家、学科奠基人。哥哥施成熙教授先后毕业于中国之江大学和美国康奈尔大学，是中国湖泊水文学的奠基人。弟弟施雅风院士，求学于浙江大学，长期供职于中科院兰州冰川冻土研究所，被誉为"中国现代冰川之父"。

中国西部地区的冰川数量在全球位居前列，但是直到20世纪50年代末期，冰川研究在中国还是一个空白领域。1957年，施雅风院士率先投身于冰川的考察研究。半个世纪中，他冲锋在西部无人涉足的雪域冰川，也战斗在科研第一线；他建立发展了中国的冰川学事业，并将其一步步推向世界前沿。

冰川学是气象学和历史地理学的分支。施雅风从无到有、系统地发展了我国冰川学及其相关的冻土学、泥石流和极地研究，他行走雪域四十余年，足迹踏遍了祖国的六七十条冰川。他主持建立了我国第一支高山冰雪利用考察队；主持撰写了我国冰川学第一部区域性专著；第一次摸清了我国冰川的"家底"，培养了包括5位院士在内的中国冰川学、极地学研究团队，推动中国冰川学研究进入世界前列。

1931年，12岁的施雅风进入启秀初中，时值"九一八事变"发生。和所有的热血少年一样，强烈的爱国热情和对地理知识的爱好，使他立志要"以爱国的精神、救世的大志成就一切"。从南通中学毕业考入浙江大学时，又值1937年抗日战争全面爆发。在经历浙大西迁后，他更坚定了自己的志向：今后一定要当一个优秀的地理学家，为祖国的强盛奋斗到底。1947年10月，施雅风在南京入党，是中国地学界为数不多的中共地下党员之一。

1957年，施雅风参加祁连山西段地质考察队，引发进一步研究冰川水源的愿望。冰川所处的人迹罕至的高寒自然条件与冰川活动可能产生的一些危险，使人望而却步。施雅风认为，高山冰雪利用工作的进展，不仅有着重大的经济意义，还将带动一系列学科的发展，甚至催生新学科的诞生。回京后，他的书面报告获得了浙大老校长、时任中国科学院副院长竺可桢同意。

1958年，施雅风受命主持建立我国有史以来第一支高山冰雪利用考察队。施雅风以"开发高山冰雪，改变西北干旱"的豪言，带领100余人向祁连山深处进发。这一年的7月1日，在祁连山腹地柳条沟地区的托赖山脉，队员们经过艰难跋涉，奋勇登上海拔5143米的冰川最高点。

据初步考察和观测,他估算出厚度达 80 至 1000 米左右的这条冰川的含水量有一亿六千多万立方米,相当于两个北京十三陵水库大。这一天恰逢党的生日,他们向北京中国科学院发电报报喜,建议把冰川命名为"七一冰川",作为庆祝中国共产党建党 37 周年的特殊礼物。正在开会的中科院领导当即宣读了这个喜讯,并同意"七一冰川"的命名。

1959 年初,施雅风组织完成的 43 万字的《祁连山现代冰川考察报告》,标志着中国现代冰川科学研究从无到有。

1964 年,施雅风与刘东生(2003 年国家最高科学技术奖得主)一起率队到希夏邦马峰进行科学考察。施雅风担任考察队队长,开启了中国冻土研究和青藏高原研究的先河,此举为后来的青藏铁路穿越多年冻土带准备了宝贵的资源。新华社记者所发的照片,激励了大批有志青年投身向冰川与极地进军的战斗,他们中包括人类徒步穿越南极第一人秦大河院士。1974 年至 1975 年间,施雅风带队进行喀喇昆仑公路巴托拉冰川考察,在没有计算机的情况下,他准确地预报出冰川进退。如今,这条代表中巴两国人民友谊的国际公路已经穿越葱岭,越走越宽。

1988 年,近七旬高龄的施雅风乘飞机环绕半个地球,飞抵南极大陆,到达中国长城科学站。回国后,他写出论文《南极洲:国际科学竞技场》。

2009 年 10 月 17 日,时任国务院总理温家宝来到兰州施雅风家中,亲切探望了这位年过九旬的老科学家。2011 年 2 月 13 日,施雅风走完了他传奇的一生,享年九十三岁。

施雅风生前曾经说过:"概括我几十年走过的道路,有大苦,也有大乐。我认为,为崇高的事业而献身,吃过苦以后取得的乐,才是真正的乐,才是真正的享受。"这掷地有声的话语,已经成为中国新一代冰川与极地研究人员的不懈追求。

施雅风带队考察冰川

龙飞：
一曲《太湖美》醉了多少人

"太湖美呀，太湖美，美就美在太湖水……"
这首极富江南情韵的歌曲，把人带到了那旖旎的水乡
妙龄的女子正摇橹而来
款款而唱
这首1978年创作的歌曲传唱至今，享誉海内外
2002年，这首歌曲被无锡市定为市歌
而它的曲作者龙飞也因此被授予无锡市荣誉市民称号
龙飞的故事犹如这波光潋滟的太湖水
韵味悠长……

龙飞的故乡并不在无锡，而是在江海之畔的海门临江。许是水之灵性相通，才有了《太湖美》，才会从灵甸小镇走出这样一位杰出的作曲家。龙飞谱写的多姿多彩的旋律，情浓意切，穿越时空，或雄壮、或委婉、或热烈、或悠扬，串联起令人难忘的岁月……

龙飞原名龚茂，1926年出生于临江镇东，就在家乡，他受到了最初的音乐启蒙。龙飞的父亲排行老三，曾在家乡创办过启明和正蒙两所小学，当过教员，由此人们都称呼他"三先生"。他亲自为龙飞兄弟面授古书诗文，临帖习字，为龙飞注入了深厚的文化底蕴。

对龙飞影响较深的还有他的外祖母，外祖母勤劳善良，能吟会唱。童年时期的龙飞，就在外婆缝衣纺纱时，陶醉在她哼唱的许多民间小调里。

而对龙飞音乐启蒙更有影响的，是住在外婆家隔壁的舅公，他是个喜好演奏二胡、琵琶、箫笛等乐器的民间乐手。夏夜乘凉，他总爱和几位琴友围坐一起，合奏江南丝竹。后来，龙飞慢慢学会了二胡，有时还能和大人们合奏《梅花三弄》等琴曲。此时的龙飞完全被音乐迷住了，没有钱买二胡，就用蛇皮修补舅公给的那把破二胡。

在抗日歌声响彻大地的时候，龙飞进入了通州师范附小及海门中学学习。功课完成后，他总怀着激情学着弹奏风琴，吹着口琴，和同学们高唱《义勇军进行曲》《毕业歌》和《到敌人后方去》等救亡歌曲，你唱我和，群情昂扬。1945年春，十九岁，是龙飞人生历程的转折点，他抱着一把二胡，满怀热情地来到苏北抗日根据地。参军时，他改名为"龙飞"，意在取其穿云驾风、气概非凡的精神。抗日战争胜利后，他调到了苏中军区前线剧团，在这里他开始了自己的音乐之旅，创作了大量的优秀歌曲，如《我们的连队好》、《光荣上战场》、《陈毅将军骑白马》、《战士的眼泪》《歌唱毛主席共产党》、《牛歌》、《马蹄踏月走高原》等。

1965年，在中原贫瘠的土地上，深受群众爱戴的好干部焦裕禄病逝了，兰考县人民沉浸在一片哀痛之中。龙飞从向彤那里接过了一首《歌唱焦裕禄好书记》的歌词，一道悲凉的旋律从龙飞心底升起，一首动情的多段体女声独唱曲问世了。它迅速在广播里，在舞台上，在风沙滚滚的大地上传播开来。

1978年，龙飞创作出了脍炙人口的《太湖美》。当时，他和苏州的词作者任红举体验生活，感受到太湖之美，涌动了创作热情。两人一夜功夫把词曲创作出来，而后在苏州请人演唱后，起初觉得效果一般。后来请一名歌唱家在中央人民广播电台录制，效果相当好，从此传遍大江南北，甚至蜚声海外。

海门本土音乐家、曾任文化馆馆长的黎立上世纪80年代陪同龙飞在家乡游览采风。

太湖美创作者
左起：任红举、李惠兰、龙飞

他说，龙飞先生是音乐大家，从级别上来说又是高官，但他非常平易近人，放松的时候就像小孩一样，在海边、江边，与年轻人一起闹、一起捉蟛蜞。

龙飞在他的文章里也描述了自己回到家乡的感受：1986年春，应海门文联之邀，时隔45年之后，我踏上归途。沿着江边小道，弃车徒步走去，信步来到了我的出生地。忽然一位老者喊起了我的乳名，这乡音骤然拨动起我的心弦，顿感亲切。是的，这是我的故土。我的出生旧址，如今已是一所乡办小学了，那稚嫩的琅琅书声，飘香的丝丝清风，金黄的片片菜花，构成了一幅多彩画卷，如诗如歌，秀丽质朴。我边走边看，不觉泛起沉睡的儿时记忆……

虽然阔别家乡几十载，但是家乡的一草一木都时时刻刻萦绕在龙飞的脑海中，特别是家乡的山歌、小调，更是让他心醉。1993年，海门山歌剧《青龙角》要进京演出，主创人员集中在南通封闭创作，为了确保演出成功，他们请来了龙飞进行音乐指导。汤炳书便是当时的主创人员之一，他回忆，龙飞老师中间帮他插了几句，像歌曲一样的唱法，山歌剧立马就生动起来。龙飞一不要署名，二不要稿酬，三不要礼品，一名将军、享受国务院特殊津贴的国家一级作曲家，与他面对面的切磋交流，轻松愉快的场景记忆犹新。

在龙飞晚年身患绝症的日子里，他一边顽强地与病魔斗争，一边满怀激情地坚持创作，又谱写出一批新的优秀歌曲作品，其中《纳西篝火啊哩哩》和《盼团圆》先后荣获中宣部"五个一工程奖"和第三届中国音乐界国家级大奖"金钟奖"，取得了令人敬佩的艺术成就。

这些飞扬的旋律净化着心灵，延伸着想象，舒展着神韵，牵动着衷肠，必将传唱不衰！

2004年6月，龙飞病故于南京。他用音乐诠释了时代，书写了人生。而他对家乡的眷恋，也让海门人民更加思念与敬佩这位杰出的作曲家。

龙飞说，我的心，我的情，已深深地烙刻着故土印痕，唯愿"母亲"温馨，乡情浩荡。我的足迹无论走到哪里，根，必将永远地深藏在江之尾，海之门……

TIPS

★《太湖美》创作于1978年，由任红举作词，龙飞作曲，普通话的首唱为女高音李惠兰，前线歌舞团女歌手程桂兰用吴语演唱此曲，一夜之间流行大江南北，朱逢博等著名歌手翻唱过。

★《太湖美》于2002年被无锡市买断版权，成为无锡市市歌。2019年12月，入选中国最美城市音乐名片十佳歌曲。

人物档案

李九松(1934年11月—2020年1月),江苏海门人,长三角地区家喻户晓的"老娘舅"。上海市人民滑稽剧团表演艺术家、艺术顾问,中国曲艺家协会会员。

60岁开挂，
"老娘舅"走红的这些年

2020年1月，长三角地区一带家喻户晓的上海"老娘舅"李九松永远离开了他的观众。人们不一定知道，这位"老娘舅"是海门人。

往事如昨，家乡媒体的记者对于2017年初冬去浦东新区采访"老娘舅"记忆犹新。当时的他，满面红光，脸颊丰满，精神饱满，拍拍来访者的肩膀，笑眯眯地说："侬来啦？快坐快坐！"

说起"老娘舅"的艺术人生，当真是人生如戏。他的父亲李明扬出生在三和镇，从小喜欢看戏，十几岁时便离家组建戏班子谋生，是"文明戏"前辈。

李九松的"横空出世"也颇有戏剧色彩。当时李明扬带着他的"春明社"来到南京演出。舞台上，李明扬正唱着《珍珠塔》，当演到方卿带着珍珠塔在九松亭休息时，强盗大叫一声上场了，而他的宝贝儿子就在那一刻"哇"的一声出世了。李明扬笑着说："看来，我儿子注定也是吃戏饭的，还和九松亭有缘，就叫李九松吧！"

九松三岁那年，"春明社"邀请电影明星叶秋心同台演出。叶小姐需要找个小娃娃抱在怀里演戏。尽管只是充当活道具，但李九松后来对自己的"第一次登台"引以为豪，"我一出道就和大明星合作，属于艺术起点较高。"

李九松初次拜师，学的是沪剧。当时良友沪剧团在出演《秦雪梅》，"秦雪梅"为未婚夫吊丧，在台上哭得昏天黑地，引起观众无限同情。当时有个说法，演出结束时，一定不能让观众哭着走出戏园，不然人家会觉得不吉利。因此戏尾时，一定要安排几个吊客插科打诨，让观众破涕为笑。李九松扮演的吊丧阿二把观众逗得哄堂大笑。他的表演天赋因此深得沪剧界前辈、团长崔文轩赏识，当场主动提出收他为徒。李九松边上学、边学艺，行内人都夸赞他多才多艺。

也许是骨子里从小就有滑稽细胞，李九松天生对演笑戏更有感觉，但是沪剧中这样的唱段不多。因此，李九松想去学演滑稽戏，师父很开明，支持他改行。1952年，李九松正式开始了他的滑稽人生，很快就赢得了滑稽前辈们的一致好评。

上海小囡

心底zui深的是这么一部剧

《老娘舅》

上海滩老娘舅
我的搭档李九松
王汝刚 著
戴敦邦 插图

李九松的黄金搭档、著名滑稽演员王汝刚所撰写的这本书，以纪传体的形式为"上海滩老娘舅"立传。

伐晓得还有多少人记得
它是中国zui长的电视剧之一

1957年，李九松所在的大众滑稽剧团鼓励青年演员拜师学艺。李九松有幸师从滑稽界泰斗级人物文彬彬，成为他的入室弟子。1959年冬天，李九松在老师悉心指导下登台演《三毛学生意》里的精华片段"剃头店"，他扮演的三毛神形兼备，一夜之间赢得申城百姓的喜爱。

20世纪80年代起，是李九松的艺术黄金时期。他在舞台上塑造了许多角色，形成了自己独特的表演风格，并借助电视媒体走进了千家万户。

李九松演艺生涯中最为成功的得意之作，莫过于他领衔主演的海派情景喜剧《老娘舅》。从3岁登台，到60岁他终于等到了最合适的角色。1995年9月，《老娘舅》首播，李九松和蔼可亲、憨厚善良、语言幽默的本色，与剧中的"老娘舅"一拍即合，迅速火遍上海滩，收视率创纪录，引发无数粉丝追捧。这部电视剧前后历时12年，成为东方电视台的名牌节目，获得了国家广电部颁发的"飞天大奖"等殊荣。2002年，他配合王汝刚演出的独角戏《爱心》荣登中国曲艺最高奖项牡丹奖榜首。退休之后，老娘舅也时常出现在舞台之上。

经常看《老娘舅》的观众以为老娘舅和老舅妈在生活中也是一对夫妻。其实，剧中老娘妈"嫩娘"是李九松在工作中的前辈。老娘舅说："嫩娘老师是我的前辈，我从不和她开玩笑，非常尊敬她。"

现实版老舅妈到底是怎样的呢？老娘舅很有福气，因为老舅妈傅兴娣端庄文雅，温柔贤惠。比老娘舅年轻十几岁的老舅妈，不仅在生活中给予老娘舅细致的关心照顾，也是他工作中的好帮手。

记者和老娘舅聊天时，老舅妈把一个个橘子剥开放到他面前。老娘舅有些事情记不清时，老舅妈总能很清晰地回忆起经过。老舅妈有一本日记本，上面记满了老娘舅的演出安排，字里行间可看出认真与体贴。

说起李九松的婚姻，也是有故事的。李九松的发妻徐梅娣是上海越剧院的演员，是一个秀丽温柔的好姑娘。"文革"期间，李九松陷入逆境，她不离不弃，可是病魔却早早夺去了她的生命。所幸，李九松后来遇到了同样叫"娣"的女人——来自圈外的傅兴娣。

老娘舅一直不忘海门，年纪大了，又有"三高"，不方便常回老家，但他时常挂念着家乡。曾经有个海门的水厂请他做纯净水代言人，他一听是家乡水，考证了质量不错，就答应长期合作，不计报酬。海门山歌剧团的导演李青云老师是他嫡亲堂妹，他们经常在电话里切磋技艺。有一年在崇明同台演出，他对这位妹妹说，"海门山歌剧，越是土越是好。"

老娘舅有个座右铭：做戏要做人，做人不要做戏。他说，"做戏生旦净末丑，要演啥像啥。做人千万不要像演戏，要讲真心话，做真心事。"走红多年，请老娘舅演戏的人很多，他并非来者不拒。戏路子不正的戏，给再多钱他也不演。他说只想给观众带来健康的笑声，除此之外不会勉强自己。

郁钧剑：醉在乡音里

《说句心里话》《什么也不说》《当兵干什么》《小白杨》《家和万事兴》《少林少林》《弹起我心爱的土琵琶》……

这些脍炙人口的经典老歌，你也许都能哼上几句，这些歌曲的演唱者你可能早就熟悉，他就是著名的军旅歌手郁钧剑。但是，对于这个祖籍海门的文化名人，郁钧剑与家乡的渊源大家未必很清楚，就让我们从头说起。

在常乐镇文明村，过去有个名头很响的宅子，这就是郁钧剑家的老宅。这座宅院是郁钧剑的爷爷郁鼎铭所翻建，设有吊桥，在西南角还建有一座小楼。老郁家是当地有名望的书香门第，郁鼎铭老先生精通诗词书画，他兴学授教，广施慈善，深得民心。新中国诞生前，郁鼎铭在上海教过书，后去福州中华职业学校任校长。抗战时期，上海沦陷，郁鼎铭移至桂林任全国厂商会迁桂联合会主任。郁钧剑的父亲郁有声，1938年就读于海门启秀中学（今麒麟中学），成绩优秀，还喜欢自己动手设计制造落地电风扇、船只模型。1948年，他作为机械工程师随父亲去了桂林。

1956年，郁钧剑生于桂林。受家庭的影响，他自幼酷爱读书。郁钧剑四五岁时开始写毛笔字，六七岁已经临摹颜柳，长大后对毛笔爱不释手。虽然从小就喜欢唱歌，但他根本没想到这会成为他一生的事业。

1971年，郁钧剑在广西师范大学附中读初中，当时桂林市文工团来学校招学员。郁钧剑作为文艺宣传队长忙着组织同学们参加考试，自己却没有报名。监考老师看在眼里，最后一天叫住这个小男生，"你怎么不考考，唱支歌吧。""烟雨莽苍苍，龟蛇锁大江……"短短一首歌，郁钧剑唱了不到5分钟，人生从此改变。他被文工团学员队录取，不久正式加入桂林歌舞团，学起了声乐。声乐老师对他的评价是，条件不一定是一流的，但乐感是一流的，很难得。

1978年，一家香港唱片公司的老板来桂林歌舞团录制歌舞剧《刘三姐》专辑。他偶然看到了郁钧剑的独唱演出，当即找到歌舞团团长，说要录制这个人的专辑，如答应，可以给团里加送一台电子琴。当时全广西都没有这种时髦乐器，团长动了心，郁钧剑也由此成为新中国第一位在海外出个人专辑的歌手。

1979年3月的一个下午，郁钧剑在北京面对总政歌舞团的招考老师唱了两首歌，一首是俄罗斯民歌《三套车》，另一首是《假如我是一只鸿雁》。第二天早，他便接到电话，正式跨进了总政大门。

郁钧剑的演唱事业可谓顺风顺水，他不断地参加全国、全军的各种大型演出，20次登上春晚舞台，出访了40余个国家和地区进行演唱，录制了40多种个人独唱专辑。郁钧剑将美声、民族、通俗唱法糅合在一起，独创的演唱风格受到越来越多人的喜爱。

郁钧剑回到海门参加演出

郁钧剑虽然"红"了,但也被推进了各种争执的漩涡。排名先后、出场顺序、演唱曲目,这些矛盾几乎困扰过所有的成名歌手。郁钧剑说,"我一直牢记父亲在我赴京时的临别赠言,一慈二俭三不为天下先。"对于一些走红歌曲的首唱之争,郁钧剑认为在总政时是一首歌大家都唱,将歌曲唱得家喻户晓是大伙儿的功劳,那个时代还真没有去争"首唱"的想法。

新世纪到来之际,当一次演出结束后,几个年轻歌迷喊他"郁叔叔"的时候,郁钧剑第一次听到有点不适应。还有的孩子说,"我爸妈最喜欢听您的歌了!"郁钧剑敏感地觉得,"人无千日好,花无百日红",一个时代就要过去了。他由此萌生了退意。

郁钧剑递交了转业报告,2002年12月,从总政歌舞团转业到中国文联。郁钧剑在事业的巅峰期急流勇退,让许多人始料未及。

其实他没有离开那个舞台。担任文联演艺中心主任后,郁钧剑的人生舞台更加广阔。通过组织策划各种全国性的大型活动,郁钧剑的艺术之路越走越宽。书画早已成为他孜孜以求的艺术领域,他已两次在中国美术馆举办过个人书画展,出版过3部书画集,他还出版了多部诗集、散文集,这些为他的艺术生涯增添了诗情画意的一笔。

郁钧剑是个热爱生活的人。他曾说过,人生有三大幸事:读好书,交好友,喝好酒。他从十几岁工作起,就玩命地买书、读书、藏书,家中藏书过万册,满满当当地积攒着半生最爱。至于好友和好酒,郁钧剑曾说过:"我特别不认可一句话,叫作君子之交淡如水。君子之交就要像杯中酒一样浓烈,不能淡如水,而是要浓于酒。"从这里,我们又能看出郁钧剑生命中充满豪气的另一面。

尽管出生在外地,郁钧剑对于海门的情结还是很深,始终没有忘记这块土地上有他的根源。他曾回老宅,将祖坟修缮一新。清明时节,郁钧剑常回海门,到祖坟祭扫,并看望众乡亲。

1996年4月,海门举办首届金花节时,郁钧剑作为海门游子应邀回乡。他为故乡的读者题词写道:人生得意千百回,难比醉在乡音里。

295

崔氏双雄：五洋捉鳖，九天揽月

在中国登山队重返珠穆朗玛峰的同一天，深海科技追梦人崔维成再度表达了对中国深渊科学的热爱：这是一个有着奇异美感的新兴学科，愿以"不与草木同腐"的心态去探索，去拓荒。

崔维成是来自状元故里海门的"崔氏双雄"中的哥哥。上世纪八十年代"崔氏双雄"双双由海门中学考入清华大学的经历，在当地传为美谈。1981年，大哥崔维成顺利考上了清华大学工程力学系固体力学专业。1985年，三弟崔维兵也考上了清华大学土木工程系。

大学毕业后，崔维成被国家公派到英国留学。学业有成后，他谢绝导师的再三挽留，毅然回国报效祖国。深渊科学是一个伴随着深潜技术发展起来的新兴科学。2002年，国家科技部将深海载人潜水研制列为国家高技术研究发展计划（863计划）重大专项，启动了"蛟龙号"载人深潜器的自主设计和研制工作，太湖之滨的中船重工702所承担总体设计和集成的任务。从2009年至2012年，"蛟龙号"接连取得1000米级、3000米级、5000米级和7000米级海试的成功。

2009年8月，"蛟龙号"首次开赴中国南海进行海试时遭遇强台风"莫拉克"，准备下海的船员出现了很严重的晕船症状。作为"蛟龙号"第一副总设计师，崔维成主动提出了下潜申请，在甲板上进行了两个小时的逃生培训后，崔维成带着深潜队员开始下潜。没有任何下潜经验的崔维成，成了"蛟龙号"下潜的第一人，他带领的团队也圆满完成了中国首次7000米深的海洋探测。党中央、国务院授予崔维成"载人深潜英雄"称号。

7000米深潜初战告捷后，崔维成又将目光转向了11000米深的马里亚纳海沟极限深度，"深渊"一词也应运而生。崔维成担任了中国首个万米级载人潜水器"彩虹鱼"号总设计师，在上海海洋大学组建了新的研究团队。

"上海海洋大学是张謇先生创办的一座大学，张謇先生是我们海门的先贤，也是中国近代最早认识海洋、开发海洋、维护祖国海洋权益的先驱者。我特别欣赏张謇先

"蛟龙号"下潜第一人崔维成

生所说的'与草木同生，不与草木同腐'。"崔维成说，"我国装载'彩虹鱼'的深潜母船就叫'张謇号'。"

对于比大哥小三岁的崔维兵，大哥一直是他学习的榜样。崔维成挑战深海的执著与勇气，对于探索太空的崔维兵来说同样是激励。

崔维兵从小就对浩瀚的夜空有着无尽的遐想、浓厚的兴趣。大学毕业后，崔维兵进入航天设计院从事建筑设计工作，他直接参与了酒泉卫星发射基地的基础设施规划建设施工过程。20世纪末，崔维兵转入中国航天科工集团负责整个集团的经营计划制定和运行数据分析工作。作为中国航天事业发展的亲历者，崔维兵经历了2003年"神舟一号"飞船升空到"神舟九号"飞船与"天宫一号"目标航天器对接，也见证了中国世界航天大国的崛起。

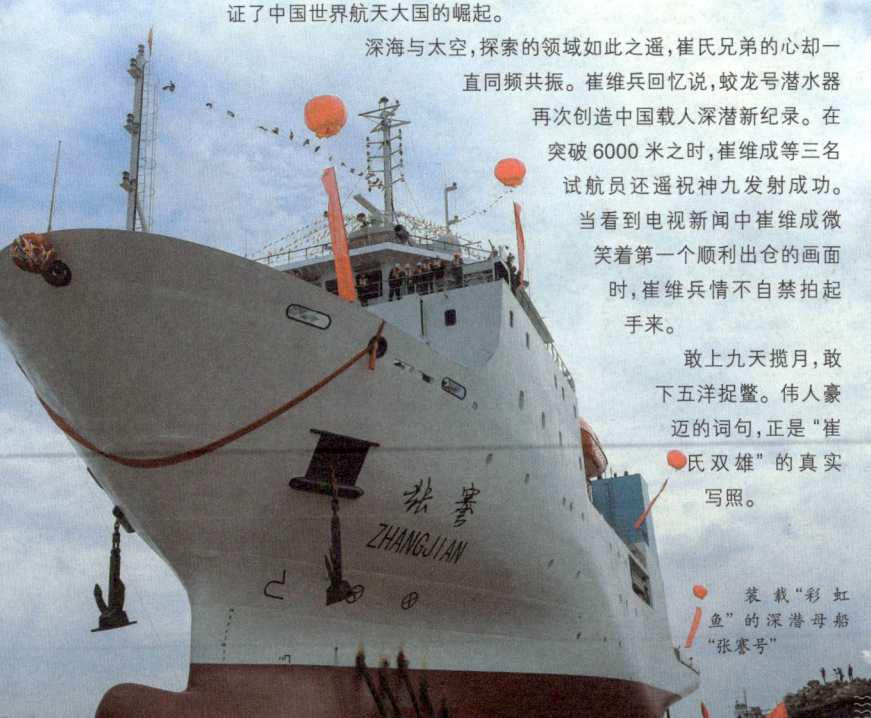

深海与太空，探索的领域如此之遥，崔氏兄弟的心却一直同频共振。崔维兵回忆说，蛟龙号潜水器再次创造中国载人深潜新纪录。在突破6000米之时，崔维成等三名试航员还遥祝神九发射成功。当看到电视新闻中崔维成微笑着第一个顺利出仓的画面时，崔维兵情不自禁拍起手来。

敢上九天揽月，敢下五洋捉鳖。伟人豪迈的词句，正是"崔氏双雄"的真实写照。

装载"彩虹鱼"的深潜母船"张謇号"

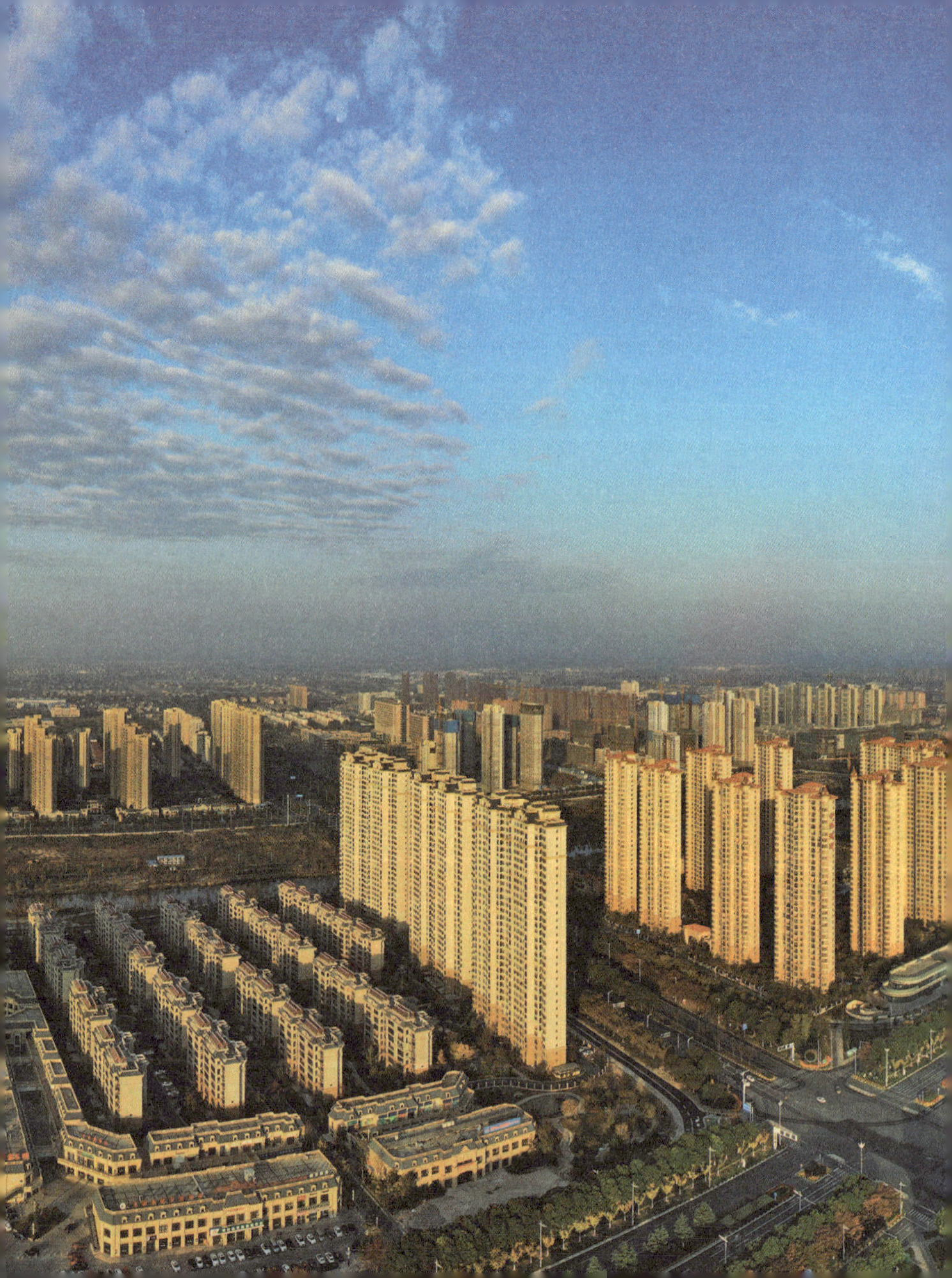

海门欢迎你!

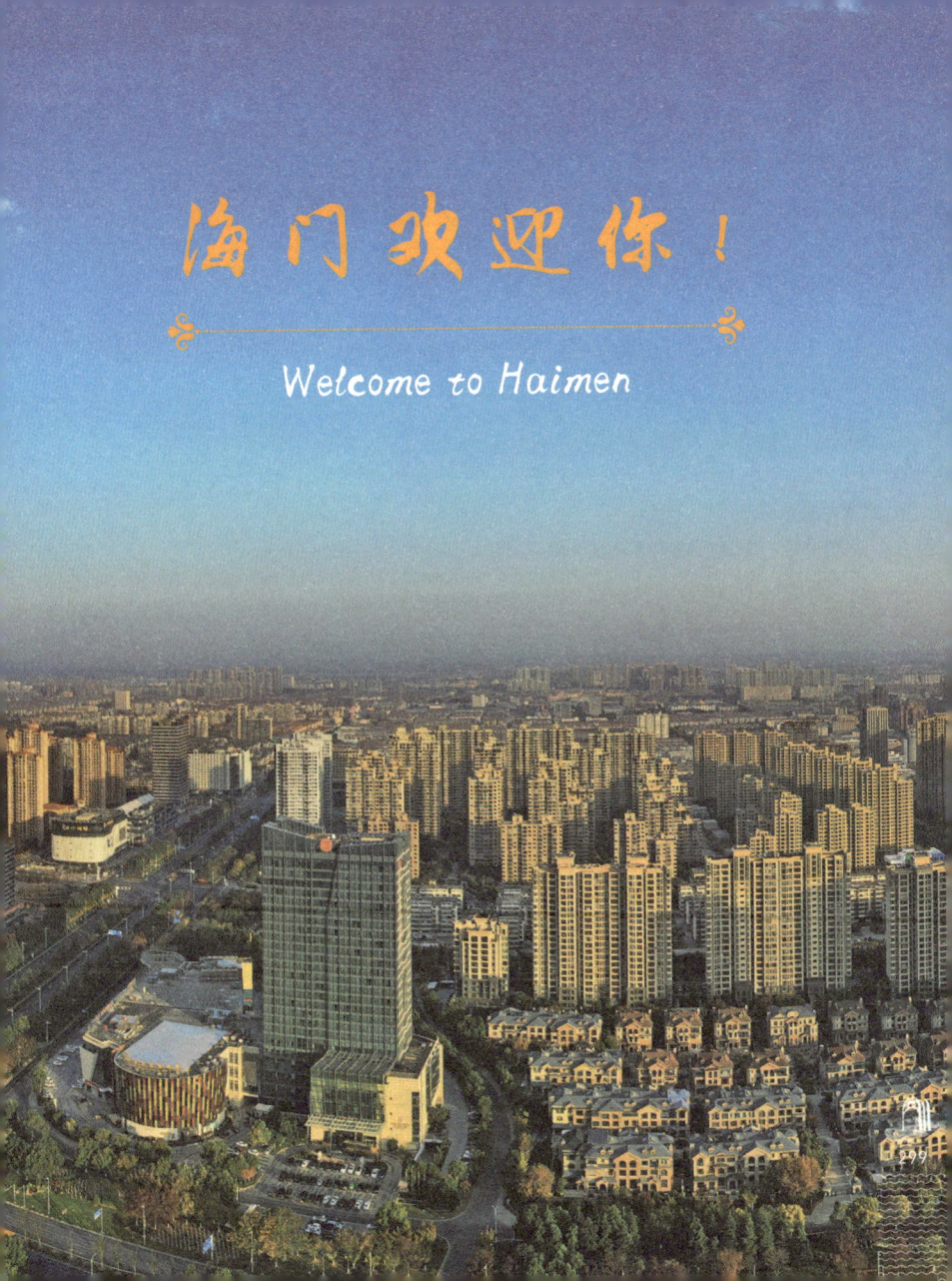

Welcome to Haimen

图书在版编目（CIP）数据

追梦海之门 / 海门区文化广电和旅游局编． -- 北京：外文出版社，2020.9（2023.5重印）
ISBN 978-7-119-12536-7

Ⅰ．①追… Ⅱ．①海… Ⅲ．①旅游文化－南通 Ⅳ．① F592.753.3

中国版本图书馆CIP数据核字（2020）第190668号

责任编辑 曹　芸　焦雅楠
装帧设计 岳招军　顾玲玲　魏一凡
印刷监制 秦　蒙

追梦海之门
海门区文化广电和旅游局　编

© 外文出版社有限责任公司
出版人　徐　步
出版发行　外文出版社有限责任公司
地　　址　北京市西城区百万庄大街24号
邮政编码　100037
网　　址　http://www.flp.com.cn　　电子邮箱　flp@cipg.org.cn
电　　话　008610-68320579（总编室）　008610-68327750（版权部）
　　　　　008610-68995852（发行部）　008610-68996057（编辑部）
印　　刷　三河市同力彩印有限公司　　经　销　新华书店 / 外文书店
开　　本　889mm×1194mm 1/32　　印　张　9.75
版　　次　2023年5月 第1版第2次印刷　字　数　113千字
书　　号　ISBN 978-7-119-12536-7　　定　价　68.00元

版权所有　侵权必究